멋지게 이기는 대화의 기술

# 멋지게이기는 대화의 기술

· 최인호 지음 ·

다연
DAYEONBOOK

# 나를 단단하게 만들다

너나없이 누구나 상대와 진정한 소통을 갈구한다. 하지만 단언컨대 대다수가 그 소통의 방법을 잘 모른다. 그러다 보니 착각하게 되는 경우가 비일비재하다. 나는 상대에게 최선을 다했으나 유감스럽게도 상대방은 나에게 그리 하지 못했기에, 고로 나를 대하는 상대방에게 순전히 문제가 있다는 착각! 바로 기본을 갖추지 못해 발생하는 현상이다. 이에 1장에서 내가 강조하고 싶은 부분은, 그래서 소통의 기본이다.

결론부터 말하자면, 소통의 첫걸음은 나에 대한 사랑에서부터 시작해야 한다는 것. 이는 타인과의 소통 이전에 먼저 나 자신을 단단하게 만드는 작업이요, 내 안의 대화 무기를 많이 찾아 정비하는 기초 작업이다.

나 자신을 알지 못하면서 타인을 안다는 것은 어불성설! 나부터 제대로 알고 그래서 나를 사랑하게 되면, 타인도 쉽게 사랑할 수 있는 여유가 생긴다. 그리고 이 과정에서 어느새 타인의 본보기가 되는 인간으로서의 내가 완성된다.

내가 나를 잘 모를 때 나에 대한 자존감은 현저히 떨어진다. 이런 상태에서는 사람들이 나를 어떻게 보고 나에 대해 어떻게 생각할지, 타인의 시선을 지나치게 의식한다. 그러니 누군가의 비난이나 부정적 평가가 훅 들어오자면 쉽게 흔들리고 좌절하고 만다. 그래서 결국 타인이 좋아하는 것에 순응하고, 점점 그들에게 끌려가는 것이다. 사실, 이런 경험은 누구나 한 번쯤 해보았을 거라고 생각한다.

나를 알고 나를 바로 세우는 것, 그것이 소통의 시작이다!

몇 해 전, 나는 남편을 잃었다. 상상조차 해보지 않았던 일을 겪으면서, 나는 심각한 우울증에 빠졌다. 그리고 결국 나는 스스로를 나락으로 내던졌다. 왜 하필 내가 이런 일을 겪어야 하는지, 나 같은 건 대체 왜 태어났는지…… 당시 내 안의 자존감은 딱 제로 상태였다. 타인과의 소통은커녕 나 자신과의 소통도 거의 불가능했다. 부끄럽지만, 그때 나는 약물에 전적으로 의존하며 누워 있는 상태로 몇 달을 지냈다.

그러던 어느 날, 나는 내 품을 파고드는 아주 작은 생명체를 보았다. 내가 이 세상으로 이끌고 나온 나의 소중한 핏줄! 내 딸이었다. 순간 나는 정신이 번쩍 들었다.

'이대로는 안 된다. 나를 사랑하자. 나를 지키자. 나를 찾자.'

그때부터 나는 나 스스로를 치유하기 시작했다.

나는 1년 동안 수없이 나 자신에게 말을 걸었다.

"최인호, 너는 누구니?"

"최인호, 너의 존재 의미는 무엇이니?"

"최인호, 네가 좋아하는 것을 말해봐."

나는 나 자신에게 '무엇을 잘하는지', '무엇을 하고 싶은지' 등등을 거듭 자문하며 나와의 소통을 끊임없이 이어나갔다. 처음에는 답답할 만큼 막연했지만 나 자신과의 대화 통로가 한 번 뚫리자, 그다음부터 점점 수월해졌다. 그렇게 거울 앞에 선 어느 날, 나 자신에게 부끄럽지 않은 당당한 나를 발견했다. 그 순간부터 세상을 향한 내 소통의 문이 활짝 열리기 시작했다.

나와의 소통에서 내가 풀어야 할 첫 번째 문제는 '딸아이와 앞으로 어떻게 살아가야 할 것인가?'였다. 10년 동안 방송생활을 했지만, 결혼과 출산과 육아로 인한 경력 단절은 재취업에 큰 걸림돌이었다. 당시 커피숍을 해보라는 주변 사람들의 제안을 무수히 받았다. 가장 쉽고 무난하게 할 수 있는 일이 커피숍 운영이라고들 생각한 모양이다. 그러나 우리나라의 커피숍은 현재 포화 상태로, 결코 만만한 창업이 아니라는 게 당시 내 판단이었다.

내게 힘을 주는 지인들의 많은 조언 속에서, 나는 나 자신과의 대화를 통해 얻어낸 결론을 믿고 그것을 행동에 옮겼다. 우선 내가 하고 싶은 일을 구체화했다. 그리고 이미 앞서가고 있는 전문가들을 멘토 삼아 그들의 강의를 수없이 듣고, 그들이 펴낸 책을 읽고 또 읽었다. 관련 서적들도 밑줄을 그어가며, 머리에 담고 가슴에 새겼다. 그사이 대학원 진학을 했고, 나를 알리면서 나를 필요로 하는 사람들을 만나기 위해 블로그도 시작했다. 그렇게 나는 내가 잘할 수 있는 것, 내가 좋아하는 것을 현실화하고 일상화해 나아갔다. 그 덕분에 진정한 나의 비전을 찾아냈고, 현재 동기부여 강사의 길을 걷고 있다.

당시 내가 나 자신을 알지 못했다면, 나와 소통하지 않았다면, 지금 나는 분명 타인이 이끄는 삶을 살고 있을 것이다. 그랬다면 지금쯤 얼마나 큰 후회를 하고 있을까?

그렇다. 남이 이끄는 대로 끌려가지 않으려면 먼저 내가 나의 행동을 확실히 지배해야 한다. 내가 나의 확고한 주인이 되어야 하는 것이다. 이를 위해서는 일상에서 사용하는 언어 표현에도 신경을 써야 한다.

말에는 인격이 묻어나게 마련이다. 내 안에 무엇을 담고 있는가에 따라 나의 인격이 결정된다. 내 안에 온통 부정적인 것만 담고 있다면 그것을 드러내는 나의 말이나 행동은 당연히 부정적일 수밖에 없다. 반면, 내 안에 긍정적인 것이 가득하다면 말과 행동은 물론 얼굴 표정에서도 긍정적인 것들이 자연스럽게 드러난다. 그러니 타인과의 편안하고 성공적인 소통을 원한다면 입에서 쏟아져 나오는 언어들을 세심하게 점검해봐야 한다.

타인과의 진실한 소통을 원하는가? 그렇다면 우선 나부터 정비하자.

2015년 2월
최인호

★ 본격적으로 이야기를 시작하기 전,
먼저 자신을 정확히 알아보는 차원에서
다음 사항들에 자답하며 스스로를 점검해보자.

## <나 자신을 먼저 알기>

- 나는 지금 어디에서 무엇을 하는가?
- 나는 무엇을 좋아하는가?
- 내가 가장 잘하는 것은 무엇인가?
- 내가 가장 자랑스러웠던 순간은 언제인가?
- 내가 가장 중시하는 것들은 무엇인가?
- 나는 그것들을 왜 중시하는가?
- 나는 어떻게 되기를 원하는가?
- 나는 왜 그렇게 되고 싶어 하는가?
- 내게 그것은 어떤 의미가 있는가?

## Part 3 How to win?_Elegant·우아하게

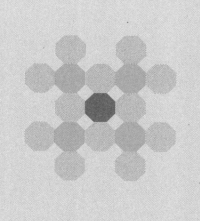

Part 1

# Know
# yourself
# first

# 01

## 긍정의 갑옷을 입어라

소통하길 원한다면, 상대를 이기길 원한다면, 먼저 나를 바로 세워야 한다. 프롤로그 말미에 제시한 '나 자신을 먼저 알기' 항목에 모두 명확히 답했다면 당신은 이미 자신을 제대로 세운 사람이다. 그러므로 세상 속으로 자신 있게 걸어 나가도 좋다. 그러나 제대로 답을 하지 못했다면? 지금부터 내가 나를 바로 세웠던 그 과정을 그대로 따라 하면 좋겠다. 어렵지 않다.

먼저 나를 튼튼하게 만들어줄 '긍정 나무'를 심자. 이 긍정 나무는 누군가를 만나러 갈 때 든든한 갑옷이 되어줄 것이다. 갑옷이라고 하니까 너무 전투적인가? 맞다. 세상은 그야말로 전쟁터이다. 그러니 아주 단단한 갑옷을 스스로 만들어 입어야 한다. 지금까지 누군가를 만나러 갈 때 자신감이 없었거나 두려웠던 이유는 바로 이 갑옷을 입지 않았기 때문이다.

자, 그렇다면 이제 나의 갑옷이 되어줄, 절대로 뽑히지 않을 긍정 나무를 심어보자. 먼저 씨앗을 뿌린다. 씨앗을 뿌리면 줄기가 나고, 열매를 맺는다. 뿌린 대로 거둔다는 진리를 새삼 곱씹으며 생각해보자. '긍정 씨앗'을 뿌리면 '긍정 열매'가 맺힌다. 반대로 '부정씨앗'을 뿌리면 반드시 '부정열매'가 맺힌다. 그러므로 당연히 우리는 명쾌하게 긍정 씨앗을 뿌려야 한다.

내 안에는 무한한 가능성의 씨앗들이 있다. 그것들은 나 스스로가 발견해야 심을 수 있다. 과연 내 안에는 어떤 씨앗들이 있을까. 지난날의 경험을 토대로 세 가지 단계에 걸쳐 찾아보자.

첫 번째, 성공했던 경험, 그 성취의 씨앗을 찾아보자.

나는 초등학교 시절 구연동화를 잘하는 아이였다. 1학년부터 6학년까지 내내 학교 대표로 구연동화 대회에 나갔다. 게다가 늘 학생들 앞에 서서 동화를 들려주는 것이 내 주된 일과였다. 이제 와 생각해보니 지금의 나를 존재하게 해준 소중한 경험이다. 이렇게 잊고 있었던 성공 경험의 씨앗을 하나씩 찾는 것이 첫 번째 단계의 핵심이다. 성공 경험의 씨앗은 거창하지 않아도 된다. 누군가로부터 칭찬을 받은 것도 소중한 성공 경험이 될 수 있다.

두 번째, 지금까지 살면서 가장 기뻤던 순간을 찾아보자.

퇴근길에 아빠가 사 온 아이스크림을 받아든 어린 시절, 가족 모두가 캠핑 떠났던 그때, 대학에 합격했을 때의 순간 등등 아주 기뻤던 그 찰나의 순간들을 모조리 찾아보자. 하나씩 찾다 보면 분명 내게 기뻤던 순간이 이리도 많았나 싶어지면서 새삼스레 나의 삶이 풍요롭게 느껴질 것이다.

세 번째, 나의 강점을 찾아보자.

나는 호기심이 참 많다. 그 덕분에 다양한 경험을 쌓을 수 있었다. 사진 촬영 기법을 배웠고, 비즈 액세서리가 어찌나 예뻐 보였는지 1년간 전문가 과정을 밟았고, 이후 의류 쇼핑몰을 운영했고, 부동산을 공부했다. '저거 참 재밌겠는데?', '이건 딱 내 스타일인걸? 꼭 배워야 해!' 하는 생각, 그 호기심 덕분에 나는 많은 것을 섭렵했다. 나는 지금 그것들을 내 강의에 요긴하게 접목하고 있다. 돌아보자면, 그래서 호기심은 나의 강점이다.

이런 식으로 자신의 씨앗들을 찾는다. 그리고 찾은 씨앗들을 자기 내면에 굳건하게 심는다. 그럼 곧 싹이 틀 것이고, 줄기로 뻗칠 것이다. 이러한 씨앗들을 머금은 나는 어떠한 것을 중시해야 할까? 나의 가치관 혹은 신념을 찾아보자. 나의 행동과 말의 기준이 되는 그것을 찾아보자.

나의 경우, 어떤 풍파에도 흔들리지 않는다는 강한 신념을 발견했다. 흔들림 없는 '굳건함'이 내 인생 제일의 가치관이다. 누군가에게는 '성실'일 것이고, 누군가에게는 '끈기' 혹은 '도전' 또는 '유연함'일 것이다. '하면 된다'라는 신념을 가진 사람도 있을 것이다. 그렇게 자신이 평소 중요하게 생각하는 가치관들을 나열해보자. 그것이 바로 당신의 줄기다.

이제 열매를 맺을 차례다. 뿌리로부터 뻗어 나온 줄기 끝에 열매가 열렸다. 나는 어떤 풍파에도 흔들리지 않는 뿌리 깊은 소나무다. 뿌리 깊은 소나무가 바로 나의 정체성, 나의 메타포(Metaphor)다. 이것이 나의 열매다. 이것을 찾는 데까지 나는 오랜 시간이 걸렸다. 물론 단박에 찾아내는 사람도 많이 봤다. 그러나 대부분은 오랜 시간이 걸릴 것이다.

놀랍게도 청소년들은 비교적 잘 찾는 편이다. 자신을 들여다보지 않아 미처 몰랐을 뿐, 잘 끌어주면 청소년들은 자신을 구석구석 들여다보며 메타포를 찾는다. 학생들을 가르치며 참 놀라웠던 사실이다. 의외로 잘 찾지 못하는 사람들은 오히려 성인이다. 그만큼 세상의 틀이 많이 씌워져 자신을 제대로 바라보지 못한다는 뜻이다.

나의 말과 행동의 기준이 되는 그 가치관을 찾아보고, 그 가치관을 갖고 살아가는 '나'는 어떤 사람인지 생각해보자.

자, 이렇게 해서 든든한 긍정 나무가 심어졌다. 제대로 세팅했다면 이것은 틀림없이 나만의 든든한 갑옷이 된다. 내 안에 든든하고 빵빵하게 채워진 그 무언가를 느낄 것이다. 누가 뭐래도 휘둘리지 않고, 자신감 넘치는 자신을 만날 것이다.

물론, 갑옷을 만드는 데는 오랜 시간이 걸릴 것이다. 하지만 나를 들여다보는 물꼬가 트인다면 어쩌면 빠른 시간 내에 완성할 수도 있다. 그러니 끝까지 노력해야 한다.

얼마 전 내게 자문을 구한 20대 직장인 여성 Y양의 이야기다. 그녀는 대학 4년 내내 취업 공부를 하고, 대학 졸업 후 2~3년을 더 공부해서 원하는 직장을 들어갔다. 다만, 안타깝게도 정규직이 아닌 계약직으로 말이다. 그래도 요즘 같은 취업난에 계약직이 어디인가. 시작은 미약한 계약직일지라도 충분히 자신의 역량을 발휘한다면 정규직의 자리도 내다볼 수 있다고 생각했기에 그녀는 취업 준비 때보다 더 열심히 직장생활을 했다.

그러나 직장생활은 만만치 않았다. 은연중에 불거지곤 하는 대학 서열, 정규직과 계약직 간의 차별 대우가 그녀를 힘들게 했다. 큰일은 정규직들의 몫이고, 허드렛일은 계약직들의 몫이었다. 계약직의 능력으로 일이 성사되었을지라도 공은 정규직들의 몫이고, 계약직은 뒷자리에서 박수만 쳐야 했다. 소심한 성격의 소유자인 그녀는 하루가 멀게 마음에 상처를 입을 수밖에 없었다.

그녀가 내게 말했다.

"저는 내세울 것이 하나도 없어요. 학벌도, 외모도, 일을 이끌어갈 추진력도, 리더십도……. 그저 위에서 시키는 대로만 하는 로봇이 되어가는 것 같아요."

점점 목소리가 작아지는 그녀에게 나는 갑옷 이야기를 해주었다. 입사를 위해 토익, 논술, 상식 공부만 했지, 그녀는 자신의 갑옷을 전혀 만들지 않은 채로 세상에 나갔으니까.

"일단 자신감을 가져요. 이 살벌한 취업난 속에서 그래도 원하는 직장에 들어갔어요. 그러니 앞으로 못할 일이 뭐 있겠어요? 우선 자신감부터 채우고, 세상에 나갈 갑옷을 지금부터 함께 만들어요."

앞서 언급한 대로 Y양은 성공했던 경험, 가장 기뻤던 순간, 그리고 자신의 강점을 찾아보았다. 한참을 생각하고 고민하던 그녀의 얼굴에 미소가 번졌다. 자신이 심은 씨앗 속에서 나온 줄기와 열매를 본 것이다. 그녀는 자신을 선인장이라고 했다. 선인장은 세 달 동안 물 없이도 버틸 수 있을 만큼 생명력이 강하다. 즉, 그녀는 자신을 사막 한가운데 떨어져도 살아남을 강인한 존재로 인식한 것이다.

학벌과 계급장이라는 서열 속에서 직장인들은 상처를 입지만, 그럼에도 정말 중요한 것은 자신이다. 자신을 바로 세운다면 흔들릴 이유가 없다. 그렇게 자신감과 당당함으로 무장한 갑옷만 있다면 언제 어디서든 주눅 들지 않고 자신의 길을 쭉 밀고 나아갈 수 있다.

이제 시작해보자. 지금 당장 긍정 나무를 심어보자. 씨앗을 잘 뿌리고 잘 키워서 열매까지 맺어보자. 그리고 그것으로 갑옷을 만들어 입고 세상 속으로 당당히 나아가자.

# 나의 긍정 자원 찾기

• 내 안에서 성공했던 경험, 그 성취의 씨앗을 찾아라.
• 지금까지 가장 기뻤던 순간을 찾아라.
• 나의 강점을 찾아라.
• 내가 가장 보람을 느꼈던 순간을 찾아라.

★ 생각날 때마다 네 가지 자원을 채워보자.

| 기쁨 | 성취, 성공 | 강점 | 보람 |
|---|---|---|---|
|  |  |  |  |
|  |  |  |  |
|  |  |  |  |
|  |  |  |  |
|  |  |  |  |
|  |  |  |  |
|  |  |  |  |

# 마음을 훔치려면 목소리부터 바꿔라

가끔 이런 상상을 한다. 처음 만나는 사람과 인사를 나누기 전, '저 사람의 목소리는 어떨까?'를 상상해보는 것이다.

'음, 저 사람은 외모에 어울리게 묵직한 중저음일 거야.'

'하얀 피부의 꽃미남인 저 사람은 미성의 부드러운 하이 톤 아닐까?'

상대방의 외모만 보고, 목소리에 대한 상상의 나래를 펴보는 재미가 꽤 쏠쏠하다. 그런데 가끔 전혀 뜻밖의 목소리로 나를 놀라게 하는 사람들이 있다.

첫 번째 선본 남자가 그랬다. 건장한 체격에 걸맞은 굵직한 음성이 흘러나올 줄 알았던 그. 하지만 그의 입에서는 아주 빈약한 성량의 하이 톤 목소리가 흘러나왔다. 다소 충격적인 반전이었다. 성량이 풍부하지 못하면 왠지 자신감이 결여되어 보이고, 남자의 하이 톤은 신뢰감을 주지 못했다. 부푼 기대를 안고 나갔던 첫 맞선 자리는 그렇게 한 번의 만남으로 막을 내렸다.

여자는 의외로 남자의 목소리에 민감하다. 잘생긴 얼굴보다는 부드러우면서도 힘 있는 목소리에 더 매력을 느낀다는 것인데, TV 드라마나 영화 속 주인공을 떠올려보면 틀린 말은 아닌 듯하다.

팬들의 변함없는 사랑을 받아온 남자 배우들의 목소리에는 공통점이 하나 있다. 그들 대부분이 중저음의 울리는 목소리를 가지고 있다. 가늘고 높은 톤은 거의 없다. 그들의 인기는 순전히 잘생긴 외모와 연기력이 전부가 아니라는 것을 알 수 있다. 우리가 지금까지 크게 의식하지 못했던 중저음의 울리는 목소리까지 갖췄기 때문에 그들이 내뱉는 대사 한 마디 한 마디가 시청자들의 심금을 꽉꽉 울렸던 것이다.

개인적으로 좋아하는 울림 목소리로는 여러 배우 중에서도 최근 한류스타로 활약하고 있는 영화배우 김수현이 아닐까 싶다. 그의 목소리를 듣고 있으면 덩달아 내 안에서도 무언가 울리는 것을 느낄 수 있다. 학술적으로 표현하면, 그것을 '공명(共鳴)되었다'라고 하는데, 이 '공명'이란 나의 진동수의 소리가 상대에게도 같은 진동으로 울리는 것을 말한다. 따라서 울리는 소리로 공명되어 전달되는 목소리는 상대에게도 함께 울려 설득하기에 좋은 소리가 된다는 것이다. 그러니 누군가를 내 편으로 설득하고 싶다면 내 목소리를 먼저 공명되는 목소리로 바꾸어야 한다. 뱃속 깊은 곳에서부터 올라오는 이 울림의 소리는 내 몸의 오장육부에도 영향을 미쳐 건강하게 만들어 주기도 한다. 효과적으로 설득도 하고, 건강도 챙기고……. 어떤가?

당장 울리는 소리를 만들어내고 싶지 않은가?

그런데 사실, 이게 말이 쉽지 참 어려운 일이다. 나는 오랜 방송 활동을 통해 자연스럽게 체득했지만, 일반인에게 복식호흡이니 공명이니 하는 것은 쉽지 않다. 하지만 원리를 제대로 배우고 익힌 후 매일 연습을 게을리하지 않는다면 분명히 소리는 바뀌게 된다.

며칠 뒤에 있을 중요한 프레젠테이션을 준비하고 있는 당신! 회의 구성원들에게 설득할 콘텐츠 내용에만 집중할 것인가? 오늘부터 상대의 마음을 훔칠 목소리를 내는 데 단 10분만 할애해보자. 머지 않아 당신의 설득력이 두 배의 효과를 불러올 것이다.

자, 이제부터 울리는 연습을 해보자. 아침에 일어나서 미지근한 물을 마신 뒤, 입을 다물고 허밍으로 "음~ 음~" 하고 목을 풀어보자. 그리고 어느 정도 성대가 풀렸다면 복식호흡과 동시에 발성을 하자. 이렇게 매일 하다 보면 어느 순간 부드럽고 깊은 공명의 소리가 나올 것이다. 자신의 감각을 믿고, 이 훈련을 적어도 한 달 한다면 당신은 분명 호감 있는 목소리의 소유자가 될 것이다.

멋지게 이기는 대화의 필살기, 바로 목소리다!

# 복식호흡으로 발성하는 방법

- 어깨를 펴고 등을 곧게 세우고, 두 다리는 어깨 넓이로 벌린다.
- 배에 두 손을 얹고, 코로 숨을 크게 들이쉬면서 배를 부풀린다.
- 충분히 숨을 들이마셨으면 이제 천천히 내뱉는다. "후~"하고 천천히 길게 숨을 끝까지 내뱉는다. 이때 볼록했던 배는 홀쭉하게 들어가야 한다. 잘되지 않는다면 두 손으로 숨을 뱉을 때 지그시 배를 누른다.

들이마시기

횡경막은 올라가고 배는 나온다.

내뱉기

횡경막은 내려오고 배는 들어간다.

- 두세 번 복식호흡을 하고, 내뱉는 공기로 소리 발성을 해본다.
- 숨을 많이 마시고, 천천히 "아~"하며 목구멍도 활짝, 입도 크게 벌려 소리를 내자. 이때 거울로 목젖이 보이는지, 입은 크게 벌렸는지 반드시 확인해야 한다.

Tip : 하품할 때 소리를 실어보자. 그러면 편안한 복식호흡의 발성을 느낄 수 있다.

★ 매일 규칙적으로 시간과 횟수를 정해서 해보자.

# 진솔한 이야기는 상대의 마음을 울린다

강의를 하는 동안 다양한 스토리를 갖고 있는 사람들을 많이 만날 수 있었다. 한동안 시각장애인을 대상으로 스피치 강의를 한 적이 있다. 그들은 후천적 장애를 이겨내고, 사회와 계속 소통하기 위해 스피치 강의를 수강하는 정말 멋진 분들이었다. 그중 시각장애학교 선생님의 스피치가 아직도 잔잔하게 마음을 울린다.

그는 유년 시절부터 시각장애를 지닌 것에 대해 깊은 좌절감을 갖고 살았다. 그러나 남들보다 뒤처지고 싶지 않았기에 공부는 물론 무엇이든지 남들보다 두 배로 더 노력했다. 하지만 늘 1등은 다른 이의 몫이었고, 아무리 노력하며 발버둥을 쳐도 자신은 2등에 만족해야만 했다. 그렇게 좌절감을 느끼며 괴로운 나날을 보내고 있는데, 그의 담임선생님이 함께 등산을 가자고 했다.

등산 전에 담임선생님은 누가 빨리 정상에 오르는지 내기를 제안했다. 선생님의 의도가 무엇인지도 모른 채 그는 늘 그래왔듯 앞이 잘 보이지 않음에도 불구하고 나무를 헤치며 최선을 다해 열심히 산을 올랐다. 그리고 드디어 정상에 올랐다. 물론, 담임선생님보다 늦었다.

먼저 정상에 오른 선생님께서 숨을 헐떡이며 힘들어하는 그에게 나즈막한 소리로 말했다.

"무엇이든지 최선을 다해 이루고 마는 너의 끈기와 도전의식, 정말 대단해. 그런데 말이야, 그 과정 중에 옆에 가는 이에게 도움을 청한다면 어떨까? 그렇다면 너는 더 빨리 나아갈 수 있을 거야!"

그 이야기를 듣는 순간 그는 무엇인가 번쩍이는 생각에 짧은 탄식이 터져나왔다. 그랬다. 그는 무엇이든지 혼자 힘으로 해야 한다고 생각했고, 도움을 요청하는 것은 자존심 상하는 일이라 생각하며 살아왔다. 그는 그제야 깨닫게 된 것이다.

"그래. 난 앞이 잘 보이지 않아. 여태 그것을 나 자신이 받아들이지 못했구나! 그것을 인정하고 주위의 도움을 받는다면 나는 지금보다 더 나아질 수 있을 거야."

그는 자신의 이야기를 다음과 같이 마무리했다.

"나를 있는 그대로 받아들인다는 것은 결코 포기한다는 것이 아니라 앞으로 더 나아가기 위한 과정입니다. 지금의 나를 그대로 받아들이십시오. 감사합니다."

정말이지 두고두고 가슴을 울리는 스피치다. 비록 앞이 보이지 않아 말하는 자세와 몸짓이 부자연스러웠지만, 발음이 정확하지 않아 다소 어눌했지만, 그 어떤 연사의 연설보다 감동을 주는 최고의 스피치였다. 그의 진심이 묻어나는 이야기를 듣고 나를 비롯한 모든 수강생은 아낌없는 응원의 박수를 보냈다.

진솔한 이야기는 상대의 마음을 울린다. 그 어떤 미사여구 없이도, 그 어떤 체계적 논리 없이도 상대의 마음을 건드린다. 번지르르한 말에는 감동이 없다. 상대도 금세 알아차린다. 가벼운 말은 뱉음과 동시에 날아가버린다. 하지만 내면에서 나오는 진중한 말은 가슴 깊이 새겨져 깊게 공명한다.

강사 일을 시작한 지 얼마 되지 않았을 때이다. 지인이 모 기업의 대표를 내 강의에 초대했다. 그 대표는 내 강의를 직접 들어보고 강사로 초빙할지 여부를 결정하겠다고 했단다. 그날 나는 부담감 반, 기대감 반을 품고 강의를 시작했다. 그런데 안타깝게도 그 대표가 조금 늦는다는 연락을 받았다. 그리고 정말 안타깝게도 강의가 끝나고 나서야 그 대표가 도착했다. 그저 교통체증이 야속할 뿐이었다.

아쉽게도 오디션은 다음 기회로 미뤄졌지만, 다행히 그 대표가 점심 식사를 제안했다. 식사 중 그 대표는 내 강의를 보지 않고서 섭외할 수는 없다며, 다음 기회를 기약하자고 했다. 나 역시 충분히 이해했고, 다음 기회를 기대하겠노라고 말했다. 그 말을 끝으로 오전 내내 내 어깨를 누르고 있었던 부담감이 온데간데없이 사라져버렸다. 나는 어느 새 정말 편안하게 대표와 이야기를 나누고 있었다.

이야기를 나누다 보니 삶에 대한 대표와 나의 태도가 너무나 비슷하다는 것을 발견했다. 사람에 대한 애정, 삶을 바라보는 긍정적 시선 등 공통분모가 많다 보니 진솔한 이야기가 오가게 되었고, 어느 순간 나도 모르게 열변을 토하고 있었다. 그렇게 즐거운 점심 식사를 마치고 다음을 기약하며 헤어졌다. 그런데 한 시간쯤 지났을까? 대표에게 전화가 왔다.

"내가 인호 씨의 강의를 들어보진 않았는데, 식사하면서 나눈 대화가 내내 여운이 남아요. 굉장히 에너지가 좋은 사람 같아요. 그래서 말인데요. 내가 한 달 후 코엑스에서 큰 컨퍼런스를 기획하고 있는데, 인호 씨가 마지막 무대를 장식해주면 좋겠어요."

가던 길을 멈추어야 했다. 나는 뛸 듯이 기뻤다. 그리고 도대체 식사 도중 내가 무슨 이야기를 했는지 되새겨보았다. 그냥 가감 없이 나의 이야기를 했던 것 같다. 왜 내가 강사가 됐고, 사람들에게 긍정의 메시지를 전해야겠다는 사명을 갖게 되었는지 아주 진솔하게 말했을 뿐인데, 그것이 그 대표에게 울림이 되었나 보다. 오래도록……

그 일 이후, 나는 큰 깨달음을 얻었다. 상대의 마음을 얻기 위해서는 인위적 요소를 반드시 걷어내야 한다는 사실을, 오로지 진솔함만이 상대를 울린다는 사실을……

한 달 후, 나는 코엑스 무대에 섰다. 잘 알려지지 않은 강사였지만 연예인, 스타 강사 들과 한자리에 섰다. 그리고 역시나 진솔한 이야기로 청중과 교감하며 성공리에 강의를 마쳤다.


기술이 중요한 것이 아니다. 정말 중요한 것은 진심이다.

2014년 겨울, SBS TV 프로그램 〈서바이벌 오디션 K팝스타 시즌 4〉에 출연한 고등학생 정승환의 음원이 일주일 넘도록 각종 음원차트 1위를 석권했다. 겨우 19세인 그의 진심이 어른들에게까지 울림을 줬다. 첫 방송에서 그의 노래에 눈물을 흘린 만큼, 나는 매일 그의 노래를 감상했다. 기존 가수들처럼 기교를 부리지도 않고 화려하게 꾸미지 않았어도 음원차트 1위를 휩쓴 이유는 그냥 날것 그대로의 뼛속 깊은 진심이 노래에 묻어나왔기 때문이다.

지금 누군가를 설득하기 위해 그럴싸하게 내용물을 포장하고 있는가? 포장지는 금세 뜯겨지고 버려지게 되어 있다. 상대에게 전달되는 것은 오직 내용물이다. 그것이 오래도록 상대에게 간직될 수 있게 진심을 담아라. 상대의 마음을 울릴 수 있도록!

# 스토리로 나를 브랜딩하라

누군가를 만나러 간다. 그럼 당신이 체크해야 할 것은 두 가지다.

첫 번째는 거울을 보는 것이다. 그 사람에게 비춰질 나의 모습이 괜찮은지, 상대가 충분히 '예의를 갖췄군!'이라고 느낄 만한지, 점심에 먹었던 음식 찌꺼기가 혹시 이 사이에 남아 있지는 않은지 등을 체크하기 위해서다.

두 번째는 만남의 자리에서 나를 멋지게 표현할 내 스토리다. 나를 멋지게 드러낼 수 있는, 헤어지고 나서도 나를 두고두고 떠올릴 만한 감동적인 스토리 말이다.

TV에서 두 브랜드의 자동차 광고가 연이어 방영되었다. 앞서 나온 광고는 차의 성능을 하나씩 설명해주었다. 차의 내부 모습을 부각하며 "최첨단 기술력으로 업그레이드된 우리 브랜드는 세계적 자랑거리다!"라는 멘트를 강조했다.

이어진 다른 브랜드의 광고는 달콤한 멜로디와 함께 마치 영화의 한 장면처럼 두 배우와 자동차 모습만을 보여줬다. 그리고 광고가 끝나갈 무렵 "나는 당신의 인생입니다"라는 내레이션이 나왔다. 그것을 보고 나는 참 좋은 느낌을 받았다.

첫 번째 광고에서는 어떠한 감정도 느껴지지 않다. '그저 성능이 좋은 자동차군!'이라고만 생각했을 뿐……. 그런데 두 번째 광고는 한 편의 드라마였다. 사랑하는 남녀가 아름답게 추억을 쌓다가 이별한다. 혼자된 남자 주인공을 위로해주는 건 자동차였다. '아! 가슴 아프겠다. 그런데 그 곁에서 차가 위로해주는구나'라는 생각을 하게 했고, 그 광고의 여운이 뇌리에 오래 남았다. 이것이 바로 스토리가 주는 힘이다! 나를 오래 기억하게 해주는 것이 바로 스토리로 나를 브랜딩하는 것이다.


일본 최대의 사과 생산지인 아오모리현에 태풍이 불어닥쳤다. 한창 사과 수확이 이루어져야 할 시기에 사과 90퍼센트가 땅에 떨어지고 말았다. 농민들은 황망해하며 그저 하늘만 탓했다. 그러던 어느 날 한 농부가 아직 떨어지지 않은 10퍼센트의 사과를 '시험에 떨어지지 않는 합격사과'라는 이름을 붙여 팔아보자고 제안했다. 그리고 이 합격사과의 가격을 원래 사과 가격의 열 배로 책정했다.

결과는 어땠을까? 그해 수확한 10퍼센트의 사과를 모두 팔았고, 태풍으로 생긴 90퍼센트의 손실도 만회할 수 있었다. 아오모리 합격사과는 그렇게 탄생되었다. 태풍으로 사과는 당도도 떨어지고 상처도 많았지만 '거센 태풍에도 떨어지지 않고 꿋꿋하게 버텨낸 합격사과'라는 스토리가 씌워지면서 열 배나 비싼 가격에도 불구하고 불티나게 팔렸다. 같은 사과라도 어떤 스토리를 입혔느냐에 따라 가치가 달라진 것이다.

나는 강사다. 우리나라에 강사는 셀 수 없을 정도로 많다. 처음 강사를 시작했을 때 이 치열한 경쟁 속에서 나의 시장성을 어떻게 내세울지 고민이 이만저만 아니었다. 그러다 내린 결론이 '남들과 다른 차별화된 스토리가 있다면 사람들은 날 기억할 것이다'였다.

나는 죽음의 문 앞까지 다녀왔다. 우울증과 공황장애에 시달렸고, 그러다 남편마저 저 세상으로 떠났다. 그때 내 앞에는 두 갈래의 길밖에 없었다. 죽을 것인가, 아니면 이왕 이렇게 된 거 까짓것 한번 제대로 살아볼 것인가.

그때부터 나는 내가 선택한 하루하루를 살고 있다.

'이왕 이렇게 된 거 까짓것 한번 제대로 살아보자!'

그렇게 긍정 마인드를 심어 이 자리까지 오게 되었다. 그래서 한 마디로 나는 '긍정강사'다. 힘들어하는 많은 사람에게 긍정의 메시지를 전해주는 긍정강사 최인호이다.

스토리는 감정을 느끼게 해준다. 그리고 감정을 느끼면 우리 뇌는 그것과 연관된 것을 오래 기억하게 된다. 그래서 상대에게 나를 오래 기억시키기 위해 스토리텔링을 하는 것이다. 상대에게 날 각인시켜서 나를 선택하게 만드는 것, 그것이 만남의 목적이다.

이제는 퍼스널 브랜드 시대다. 나를 대표할 이미지와 가치로 나 자신을 브랜딩해야 한다. 어느 기업에 소속된 내가 아니라 바로 나

자체가 브랜드가 되는 것이다. 따라서 사람들에게 나의 브랜드를 알리기 위한 남들과 다른 차별화되는 무언가가 있어야 한다. 남들과 다른 나의 차별화는 나만이 겪은 나의 경험이다.

나를 제대로 알릴 스토리에는 내가 누구인지, 내가 어떤 가치관을 가지고 있는지, 나의 비전은 무엇인지가 고스란히 드러나야 한다. 사람들이 그 스토리를 듣고 나를 제대로 이해하고 공감해야 하기 때문이다. 그래야 사람들이 나를 기억해주고, 나를 신뢰하고, 나를 따를 수 있다.

더 깊이 들어가, 그 스토리는 내 인생의 중대한 어떤 사건과 그 사건으로 인해 내가 깨달음과 교훈을 얻은 것이라야 좋다. 그 사건으로 인해 나의 강점을 발견했다든지, 그동안 나약했던 내가 그 사건으로 인해 새롭게 태어났다든지, 그래서 그 사건 덕분에 지금의 내가 이렇게 존재할 수 있었다는 것으로 마무리하면 그야말로 완벽한 스토리가 된다.

나를 최대한 값지게 표현할 수 있는 스토리를 찾아라!

잭 웰치는 하키 시합에 패하고, 낙담한 탓에 얼음판에 하키용 스틱을 내던졌다가 호되게 꾸중을 들었다. 그의 어머니는 당장 탈의실로 달려가 잭 웰치의 두 어깨를 잡고 말했다.

"이 멍청한 녀석! 패하는 법을 모르면 이기는 법도 절대 알 수 없어!"

이 이야기는 잭 웰치를 대변하는 스토리 중 하나다. 이 짧은 스토리를 통해 우리는 GE의 전 CEO 잭 웰치가 어떤 사람인지를 대략적으로 가늠할 수 있다.

스토리는 간결하고 강렬하면 된다. 그 스토리 안에서 나의 가치관과 내가 누구인지를 충분히 드러내야 한다. 찾아보자. 나를 브랜딩할 멋진 스토리를!

# 나를 표현하는 스토리 찾기

• 노트를 하나 준비하자.
• 내가 지금까지 겪었던 특별한 경험을 하나씩 찾아 적어보자. 그 경험을 통해 얻은 교훈까지 메모하자.
• 그렇게 하나씩 찾아 적어보면 그동안 잊고 지냈던 나의 수많은 스토리를 찾을 수 있다. 그 과정에서 나의 자존감을 높일 수 있다.

★ 나만의 스토리 찾기
내가 직접 활용하는 스토리 표다. 하나의 주제를 놓고 그에 연관된 스토리를 쓰는 것인데, 이때 구체적으로 스토리를 묘사해두는 것이 좋다. 예컨대 나는 '선본 이야기'라고 키워드만 기록했지만, 옆에 한 칸을 더 만들어서 구체적으로 선본 때의 상황을 기록하는 것이다. 수많은 스토리를 세세하게 기억할 수 없으므로 기록해두는 것이 좋다. 아래의 표는 당신이 대중 스피치를 하거나 강의를 할 때 혹은 자기소개서를 쓸 때 반드시 필요한 당신만의 보물 상자가 되어줄 것이다.

| 사실 / 주제 | 사례 / 연관된 스토리 |
|---|---|
| 스피치 중요성 | 선본 이야기 |
| 가족의 소중함 | 놀이동산 갔던 이야기 |
| 나의 장점 | 호기심, 수많은 헛짓거리 |
| | |
| | |
| | |

# 무조건 상대의 이슈가 먼저다

당신은 누군가를 만났을 때 자신의 이야기부터 풀어놓는가, 아니면 상대의 이야기부터 듣는가? 잘 떠올려보자. 할 말이 있어서 만났다. 그 사람을 보는 순간, 빨리 말을 꺼내고 싶어 목구멍이 간질간질하다. 만약 "나 요즘 말이야"라고 먼저 자신의 이야기보따리부터 풀어버렸다면 당신은 아마추어다. 할 말이 너무 많지만, "넌 요즘 어떻게 지내니?"라고 먼저 묻고 진득하게 답변까지 들어주는 여유를 부렸다면? 당신은 프로다.

확 와 닿지 않는가? 그럼, 입장을 바꿔 생각해보자. 할 말이 있어서 만났다. 그 사람을 보는 순간, 빨리 말을 꺼내고 싶어 목구멍이 간질간질하다. 그런데 상대가 먼저 묻는다.

"너, 요즘 어떻게 지내니?"

그러고는 차분하게 나의 말을 끝까지 들어주고 맞장구까지 쳐준다. 그랬더니 속말까지 주절주절 토해내고 있다. 아! 뭔가 개운하고 기분이 좋아지더니 앞에 있는 사람이 순간 가깝게 느껴진다. 친근감을 넘어 호감까지!

이것이 소통의 순서다. 무조건 상대에게 초점을 맞춰라. 무조건 상대의 이슈가 먼저다. 상대의 이야기를 먼저 들어주고 상대가 충분히 내게 마음을 열었다면, 그때부터 내 이야기를 시작하라.

점심시간이 끝날 즈음 동료에게 말을 건넨다. 다음의 두 가지 말 중 당신은 어떤 것을 꺼낼 것인가?

A : 밥 먹었니? 난 오늘 비빔밥 먹었어!
or
B : 나 오늘 비빔밥 먹었어. 밥 먹었니?

만약, B의 식으로 소통하고 있다면, 오늘부터 바꿔보자.

"밥 먹었니? 그랬구나. 나도 방금 먹고 왔어."

물론, 큰 차이 없다고 느낄 수 있으나 핵심을 보자. 누구에게 대화 초점이 맞춰져 있는지……. 친구에게 전화를 걸 때도 마찬가지다. 신호음이 울리고 친구가 "여보세요?" 하는 순간 "있잖아. 내 이야기 좀 들어봐" 하고 시간 가는 줄 모르고 할 말을 쏟아붓는다. 그러고는 "너에게 이야기하니까 좀 후련하다. 나, 이제 나가야겠다. 담에 보자." 뚝! 생각해보자. 그 친구, 아직도 당신 곁에 있는가?

소통하는 데에서 항상 유념해야 할 것은 상대의 반응이다. 먼저 관심을 갖고 질문해주고 들어주면 상대는 굉장한 애정을 보여주는

것이라고 느낀다. 정작 할 말을 다 하지 못하고 헤어졌더라도 일단 상대는 당신에게 호감을 갖고 돌아갔을 것이다. 그것만으로도 성공이다. 그러니 하고 싶은 말이 있더라도 좀 참자. 상대의 이슈에 관심을 갖자.

'미드'의 붐을 일으켰던 드라마 〈섹스 앤 더 시티〉 중 이런 장면이 있다. 주인공 캐리가 거리에서 친구를 만난다. 그런데 만나자마자 자신의 데이트 고민거리만 잔뜩 풀어낸다. 그러다 잠깐 여유가 생기자 친구는 자신의 연애 고민에 대해 한마디 묻는다. 그러자 캐리는 "응. 그래!" 하며 아주 짧은 답변을 건넨다. 아주 성의 없이 비언어로……. 그리고 다시 자신의 머릿속에 가득 담겨 있는 자신의 연애 이야기를 주절주절 또 쏟아낸다. 그러자 친구가 버럭 화를 낸다.

"난 이렇게 네 이야기를 들어줬는데, 넌 고작 응. 그래?"

누구에게나 이런 경험이 한 번쯤 있을 것이다.

오래전 지인에게 한 사람을 소개받았다. 매너 좋고 점잖아 비즈니스 차원에서 알아두면 좋을 거라고 했다. 내심 기대를 많이 하고 나갔다.

"안녕하세요?"

인사를 하고, 서로 명함을 주고받고 마실 것을 시킨 후 가벼운 대화부터 시작했다.

그리고 서서히 대화의 장을 열어보려고 하는데, 그가 "저는요" 하고 입을 떼더니 그때부터 30분을 쉬지 않고 자기 이야기만 늘어놓았다. 어찌나 청산유수처럼 줄줄 자기 삶을 풀어놓는지, 덕분에 나는 힘 하나 들이지 않고도 그를 쉽게 파악할 수 있었다.

여태 어떻게 살아왔고, 어떤 일을 하며, 어떤 가치관을 가지고 있고, 어떤 태도로 삶을 살고 있는지까지……. 물론 그것이 전부는 아니겠지만 대략 '이런 남자구나!'라는 그림이 그려졌다.

그를 만나면서 여러 생각이 들었다. 만나기 전엔 그렇게 높아만 보이고 우러러 보이던 인물이 좀 만만하게 느껴졌고, '앞에 앉아 있는 나에 대해선 관심이 없나? 아무리 그래도 초면인데 참, 예의가 없구나' 싶어 불쾌한 감정마저 들었다.

또한 그는 나를 전혀 모르면서 자신의 베일을 벗겨 나에게 보여주고 있었다. 끊임없이 뱉어내는 말을 통해 솔직히 그가 너무나 많은 자신의 패를 보여줘서 '이분은 이렇게 다루면 되겠구나!' 하는 생각마저 들었다.

이 경우 우리 두 사람의 관계에서 주도권은 나에게 있다. 나는 아직 패를 한두 개밖에 공개하지 않았다. 말하는 동안 상대는 느낄 것이다. 나의 패를 보고 싶고, 패를 보일 것 같지 않은 나를 보며 점점 불안해하기까지 할 것이다.

소통에 대해 강의하고 이렇게 책까지 내는 사람이 대화의 관계에서 '주도권을 빼앗는다', '패를 보이지 말라' 하는 식의 표현을 한다는 것이 좀 불편한가? 미안하지만, 나는 이상적인 말이라든가 듣기 좋은 말만 하지는 않을 것이다. 나는 지극히 현실적이고 솔직한 이야기만을 하고 싶다.

만일 당신이 "아휴! 나도 모르게 그만 별 이야기를 다했네요. 그쪽 이야기도 좀 해봐요?"라는 말을 하게 되었다면, 당신은 이미 그 사람에게 관계의 주도권을 뺏긴 것이다. 그러니 "아휴! 나도 모르게 그만 별 이야기를 다했네요. 너무 잘 들어주셔서요. 이젠 그쪽 이야기도 좀 듣고 싶어요"라는 말을 하게끔 유도해봐라.

만약, 누군가와 협상을 하려거든 상대가 패를 많이 보이게 요령껏 유도하라. 당신의 패는 적절히 조절하면서 보여라. 단, 그 과정이 자연스러워야 한다. 의도적이라는 것이 드러나서는 안 된다. 이는 끊임없는 훈련을 통해 내공을 쌓으면 가능해진다.

# 누군가를 만나러 가기 전, 상대에게 초점을!

- 나의 용건은 조금 뒤로 미뤄놓자고 처음부터 마음먹고 나간다.
- 그 사람의 최근 근황에 대해 알아보라(SNS 게시글을 통해, 혹은 주변인을 통해).
- 만나서 물어볼 가벼운 질문들을 생각해보라. 가벼운 날씨 이야기부터 내가 알아본 최근 근황에 대해 묻자.

  "어떻게 지내세요?"

  "페이스북 보니까, 요즘 ○○○에 관심이 많나 봐요?"

- '잘 듣자'라고 되뇌라. 이때 상대가 어떤 단어, 어떤 서술어를 자주 쓰는지 포착하자. 경청이 습관화되어 있다면 패스!

## 지피지기면 백전백승, 상대를 분석하라

오늘 누구를 만나는가? 혹시 오늘 중요한 프레젠테이션을 하는가? 그렇다면 당신은 당신의 이야기를 들어줄 상대는 누구인지, 그들이 무엇을 좋아하는지를 먼저 완벽하게 알고 있어야 한다. 만약 '어?' 하게 된다면, 미안하지만 당신은 실패할 것이다!

스피치든 소통 관련 강의든 내가 가장 중요하게 생각하는 것 중 하나가 바로 이것이다. 청중 분석! 청중에 대한 분석이 끝나야 그들의 관심사를 알 수 있고, 그래야 그들의 관심을 끌 내 이야기를 준비할 수 있다. 그리고 그 안에 내가 원하는 바를 슬그머니 끼워넣는 기술을 통해 최종적으로 상대를 설득할 수 있다.

오래전 일이다. 소개팅을 나갔는데, 글쎄 상대 남자의 첫마디가 "이름이 어떻게 되시죠?"였다. '설마 소개팅 주선자가 내 이름을 알려주지 않았을까' 하는 의문이 들었다. 누군가를 만날 때 기본 중에서도 기본인 상대의 이름조차도 기억하지 못한 채 나온 그 남자! '참, 매너 없다'고 나는 생각했다.

그날의 찝찝했던 기분을 다시 떠올리지 않더라도 상대를 미리 파악하는 것이 얼마나 중요한지를 강조하고 싶다. 기본을, 아니 기초적인 상식만 잘 활용해도 내가 원하는 바를 이룰 수 있기 때문이다.


교통방송 DJ 시절의 일도 떠오른다. 교통방송 특성상 게스트로 성인가요 가수들이 많이 출연한다. 그런데 성인가요 가수 중에는 무명 가수가 꽤 많다. 그런 분들이 게스트로 초대되는 날에는 나의 노력이 조금 필요하다. 제법 알려진 가수들은 인터넷에 이름만 검색해도 정보가 쏟아져 나오지만, 무명 가수들은 그렇지 않다.

게스트가 스튜디오에 도착하면 나는 그 가수에게 커피 한 잔을 건네며 아주 편안하게 말을 건넨다.

"안녕하세요? 또 뵙네요! 전에 열창하시는 모습 봤는데 참 멋졌어요! 노래가 좋으니까 금방 뜨겠어요?"

이렇게 상대의 마음을 연 뒤에 다시 말을 건넨다.

"방송 들어가면 저랑 이야기를 나누실 건데, 어떤 질문을 하면 좋을까요?"

이렇게 말을 건네면, 어떤 가수든 얼굴에 미소를 지으며 내게 감사하다는 말부터 한다. 그리고 최대한 자신을 알릴 정보들을 쏙쏙 던져준다. 내 손은 메모를 하느라 바쁘고, 머릿속은 게스트가 하는 이야기를 어떻게 풀어서 그와 노래가 빛나게 할까를 생각한다. 방송이 시작되면, 게스트는 평소보다 더 많은 자신의 에너지를 발산해내고, 진행자인 나도 덩달아 흥이 나고, 또 청취자들은 그 활기에 기꺼이 함께해 청취율을 높여준다.

물론 작가의 원고만으로도 방송은 나갔겠지만, 그들이 진정 하고 싶은 이야기를 다시 한 번 물어봐주는 과정에서 게스트의 긴장감이 풀리고, 방송은 더욱 활기를 띄지 않았을까 생각한다. 이렇게 상대를 미리 파악하는 것은 그 어떤 것이든 큰 성과를 가져온다.

제자 중 한 학생이 자신의 대학입시 면접 성공담을 들려준 적이 있다. 면접 대기실에서 그 어느 때보다도 긴장해야 할 시간에 수험생들은 떠들고만 있더란다. 그런데 그 학생은 면접을 맡은 교수의 얼굴과 이름, 전공 과목을 외우는 데 열중했다고 한다.

드디어 면접의 순간! 다섯 명의 면접생 중 앞서 네 명의 면접이

끝나고 자신의 차례가 되었을 때, "안녕하십니까? ○○○과 ○○○ 교수님! 뵙게 되어 영광입니다"라며 인사를 시작했다고 한다.

순간, 감동스러웠는지 교수가 "학생은 저를 어떻게 알아요?"라고 물었고, 그 학생은 "제가 지원하는 학과의 교수님을 미리 알고 오는 것은 당연하지 않나요?"라고 답했다고 한다. 면접이 끝난 후 교수는 그 학생을 따로 불러내 우리 학과의 학생이 됐으면 좋겠다고 말씀 하셨단다. 그 학생은 현재 그 학교를 우수한 성적으로 다니고 있다.

성공한 사람들을 만나보라. 그들은 소통의 대가다. 그들과 대화 를 하고 나면 늘 이런 생각이 든다. 자주 만나는 것도 아니고, 소식 을 자주 접하는 상황도 아닌데, 대화의 기술 하나로 '어머나 세상에! 나를 늘 신경써주고 계셨구나!' 하며 감동하게 만든다. 그래서 우리 는 그 사람을 믿고 따르고 존경하게 되는 것 같다.

상대를 미리 파악하는 것! 그것은 상대에게 감동을 준다는 것이 다. 비즈니스 미팅이든, 대중 스피치이든, 영업이든, 소개팅이든, 면 접이든, 수많은 소통을 가지기 전에 반드시 해야 할 일은 상대 분석 이다. 지피지기면 백전백승, 상대를 알고 나를 알면 당신은 반드시 원하는 것을 얻을 것이다.

## 누군가를 만나러 가기 전, 반드시 해야 할 일

- 상대를 관찰하라. 평소 그가 좋아하는 게 무엇인지는 알고 만나자.
- 상대의 관심사를 파악하라. 조금 친분이 있는 사이라면 최근 그 사람이 관심을 갖는 분야가 무엇인지 좀 더 파악해보자. 그 관심사에 도움을 줄 수 있는 게 무엇인지 찾아보고, 직접적이든 간접적이든 감동을 줄 무언가를 준비하자.
- 처음 만나는 사람이라면 지인에게 물어서라도 그 인물의 기본을 파악하라. '첫 만남이니까 만나서 알아가야지' 하는 안일한 생각은 버리자. 그 사람의 지인에게 물어 상대의 신상을 조금이라도 파악하고 가자, 반드시!
- 어느 정도 파악이 되었다면 나와의 공통점을 찾아라.
- 그 공통점을 대화 초반의 이야기로 활용하라.

★ 상대의 직업, 성별, 연령, 사는 곳, 취향 등등 알아낼 수 있는 것은 모든 방법을 동원해 철저히 조사하고 분석하자. 디테일할수록 유리하다.

# 07

# 서로 다른 지도로 세상을 본다

어머니의 불만은 매일 똑같다.

"이거 말이야, 외출할 때 들고 나가서 재활용 쓰레기통에 버리면 될 것을! 왜 꼭 집 안에 쌓아두고 한꺼번에 낑낑대며 들고 나가는 거니? 집안일에 관심 좀 가져봐라!"

아버지는 지금껏 내가 보아온 바, 정말이지 집안일에 전혀 관심이 없다. 가끔 어머니의 잔소리로 집안일을 돕긴 하지만, 아버지가 집에서 하는 주요 일과는 TV 시청과 인터넷 검색이다. 물론 회사 일로 힘이 들어서 그러시겠지만……

그런데 그런 아버지를 내가 그대로 닮았다. 난 집안일에는 크게 관심이 없다. 그래서 아버지를 향한 어머니의 잔소리는 내게도 예외가 아니다. 그렇다면 아버지와 나의 관심사는 무엇인가? 바깥세상이다. 아버지와 나의 관심사는 온통 밖에 있다.

아버지는 산악회를 이끌고 있다. 산을 좋아해서 매주 산을 오르고, 사람을 좋아해서 회원관리를 한다. 누군가에게는 귀찮을 일일지도 모르지만, 아버지는 사람들과 함께 어울리며 산에 오르는 것을 즐거워한다.

나 역시 그렇다. 집 안에서 삶의 의미를 찾는 어머니와는 달리, 집 밖에 내 삶의 의미가 있다. 나는 더 넓게 더 크게 이 세상을 살아가고 싶다. 그래서 여행을 즐기고, 사람들과 부대끼는 것을 사랑하며, 항상 마음의 중심을 바깥세상에 두고 있다.

그러니 하루에 두 번씩 먼지 청소를 하며 요즘 어떤 청소기의 먼지가 잘 빨린다는 이야기로 두 시간을 보내는 어머니와 여동생과는 전혀 대화가 이루어지지 않는다. 아버지와 나에게 먼지는 이 세상에 흔해 빠진, 별로 중요치 않는 대상일 뿐이니까. 이렇게 우리의 관심사가 사뭇 다르기 때문에, 그렇게 세상을 바라보는 지도가 다르기 때문에, 매번 자주 소통의 갈등이 빚어진다.

신경언어 프로그래밍인 NLP에서는 소통의 기본 전제를 '사람들은 현실이 아니라 자신의 현실 지도에 반응한다'에 둔다.

어머니와 여동생의 머릿속 지도에는 먼지, 청소기, 집안일이 그려져 있다. 그래서 집 안을 깨끗하게 하고, 예쁘게 꾸미고, 맛있는 음식을 만들어놓는 것이 세상에서 가장 큰 행복이다. 그것이 그들의 삶의 의미이고, 전부이다.

하지만 아버지와 나의 머릿속 지도에는 집 안을 깨끗이 하는 것은 겨우 점 하나 찍혀 있을까? 우리는 '한 번 태어난 인생, 이 세상 전부를 다 밟아봐야 하지 않겠어!'가 가장 큰 소원이다. 그래서 늘 기회가 주어지면 버스를 타고, 기차를 타고, 타지로 불쑥불쑥 떠난다. 아버지와 나의 머릿속에는 어머니와는 다른 지도가 그려져 있다. 그러니 서로의 언어가 다르고, 그래서 자꾸 소통이 안 된다.

어머니가 자주 하는 말씀이 있다.

"아니, 이런 걸 보면 딱 치워야겠다는 생각이 안 드니?"

안 든다. 아버지와 나의 지도에는 그것이 그려져 있지 않기 때문에. 그래서 왜 먼지에 그렇게 연연해하고 스트레스를 받는지 어머니가 잘 이해되질 않는다. 다행스러운 것은 서로의 세상에 그려진 지도가 다르다는 것을 알기에 '그렇구나!'라고 이해하고 넘어간다는 점이다.


우리가 매일 보고 듣는 정보는 내면의 언어로 정비되어 뇌에 입력된다. 그런데 사람마다 보고 듣고 느끼는 것이 달라서 뇌에 입력된 정보도 천차만별이다.

예를 들어, A와 B가 있다. 평범한 직장인인 두 사람이 출근하는 아침, 비가 내리고 있다고 가정해보자.

A의 출근길은 그다지 기쁘지 않다. 8시 반까지 사무실에 도착해야 하는데, 벌써 30분째 버스는 거북이 운행을 하고 있다. 온몸에 짜증이 밀려오면서 A는 소리 지른다.

"아! 비 오는 날은 정말 싫어! 도로가 주차장이야? 차가 앞으로 나아가질 않네."

B가 출근을 한다. 다소 밀리긴 했지만 다행히 지각하지 않았다. 오전 업무를 마친 후 점심을 먹고 있는데 친구에게 연락이 왔다.

"오늘 저녁에 약속 있니? 비도 오는데, 퇴근 후에 뭉치는 거 어때?"

그날 저녁 친구 세 명과 함께 파전과 동동주로 즐거운 시간을 가졌다. 집으로 귀가하면서 B는 이렇게 생각한다.

'아! 역시 비 오는 날엔 파전과 동동주가 최고야!'

비 오는 날 겪은 각기 다른 경험으로 A와 B의 '비 오는 날의 지도'는 다르게 형성되었다. 자, 이것은 이후 이들의 생각과 감정과 행동을 바꿔놓는다.

그 후 어느 날, 출근하려는데 아침부터 비가 내리고 있다. A와 B의 하루는 어떻게 될까? 비가 내리는 것을 보고 A는 예전의 경험으로 "아! 출근길 엄청 막히겠군. 에잇, 짜증나!" 하며 유쾌하지 않는 하루를 맞이한다. 겨우 회사 로비에 도착한 A는 미끄러지면서 쿵, 하고 엉덩방아를 찧고 말았다. 빗물로 인해 회사 로비가 살짝 젖어 있었던 것이다. 이제 A에게 비 오는 날은 최악의 날로 기억된다.

반면, B는 어떨까? '어? 비가 오네? 오호, 그렇다면 오늘 저녁 퇴근길은 파전과 동동주다! 친구들에게 연락해야겠군' 하는 생각에 얼굴에 미소가 떠오른다. 회사에 도착하자마자 B는 친구들에게 연락을 취한다. 친구들 역시 기다렸다는 듯이 환호성을 지른다. 그리고 그날 저녁 오랜만에 뭉친 동창 친구들…… 그런데 한 친구가 예쁜 회사 동료를 데리고 왔다. B에게 소개시켜주기 위해서……. 이제 B에게 비 오는 날은 행복 그 자체다.

머릿속의 지도는 이렇게 형성된다. 어린 시절부터 우리가 눈으로 보고 듣고 느끼며 겪는 매일매일의 경험이 바로 나만의 세상 지도가 되는 것이다. 어느 누구도 같은 경험을 하지 않기에 그렇게 그려진 지도는 모두 제각각이다. 그리고 새로운 정보가 들어오면 기존의 정보와 나의 가치관이 더해져 유일한 나만의 지도가 형성된다. 우리는 그 지도를 절대적으로 옳다고 믿으며, 그것으로 세상을 보고, 소통한다.

비 오는 날의 전혀 다른 지도를 가진 A와 B가 '비 오는 날' 만났다고 생각해보라. 이 둘은 업무상 파트너로서 만남을 가졌다. 비 오는 날은 이제 무조건 짜증이 나 있는 A. 무슨 좋은 일이 있는지 내내 기분 좋아 보이는 B. 이들의 대화는 잘 통할까?

물론 극단적 예일 수는 있으나 전혀 다르게 살아온 A와 B의 머릿속 지도는 비단 비 오는 날의 지도만 다른 것은 아닐 터이다. 이루 말할 수 없는 상반된 지도로 대화를 나눌 수도 있다. 그럼 A와 B는 서로 이렇게 말할 것이다.

"정말 대화가 안 통하는 사람이군!"

이처럼 우리는 자기만의 지도가 옳다는 생각에 갇힌 채 사람들과 소통하며 살고 있다. 그리고 자기와는 다른 지도로 세상을 바라보는 사람들에게 이렇게 이야기한다.

"내 상식으로는 네가 도저히 이해가 안 간다."

사실, 상대도 자기 상식으로는 당신이 도저히 이해 안 될 것이다.

같은 곳을 그려놓은 지도일지라도 누가 그린 지도냐에 따라 지도 모양도 모두 각양각색이다. 얼마 전 지인이 홍대 북카페로 오라며 컴퓨터 그림판에 손수 그린 지도를 메일로 보내왔다. 함께 만나기로 한 다른 이도 지도를 받았다. 합정역 5번 출구에서 나와 몇 번의 커

브를 돌면 찾을 수 있는 곳이었다. 지도에는 모퉁이마다 알아볼 만한 큰 간판의 식당을 친절하게 그려넣어, 나는 비교적 쉽게 북카페를 찾을 수 있었다. 그런데 함께 만나기로 한 다른 지인은 한참 만에 나타났다. 그 지인은 오자마자 말했다.

"아니, 자기만 아는 건물만 그려놨어? 난 아무리 찾아도 보이질 않던데……."

세상을 바라보는 지도가 이렇게 다른 것이다. 세상을 바라보는 지도, 우리는 그것을 '필터'라고도 한다. 오감을 통해 들어온 세상의 정보는 이 필터에 의해 걸러져 받아들여지고, 또 상대에게 보낸 메시지도 이 필터를 거쳐 걸러진 채 전달된다.

그렇다면 같은 환경에서 비슷한 경험을 하고 자란 가족은 이 필터가, 세상을 바라보는 지도가, 그나마 비슷하게 그려지지 않을까 싶다. 하지만 내 가족만 보더라도, 우리는 얼마나 불통하며 살고 있는가? 가족도 이런데, 하물며 전혀 다른 환경에서 각기 다른 경험을 지닌 사람들과의 소통은 얼마나 더 어려울까 싶다.

그러니 받아들이는 것이 속 편하다. 상대와 나는 이 세상을 바라보는 지도가 다를 뿐이다. 그저 노력해보자. 상대가 이해되지 않을 때마다 '아! 저 사람의 머릿속 지도는 나와 다르다'라고 생각하자.

# 당신의 머릿속 지도

아래의 그림이 젊은 여성으로 보이나요, 할머니로 보이나요?

# 08

# 내 안에 감정 조절 버튼을 장착하라

인기리에 종영한 드라마 〈미생〉의 한 장면을 보고 나는 하염없이 울었다. 워킹맘의 비애를 다룬 장면이었다. 유치원에서 하원할 딸아이를 데리러 가야 할 시간이지만, 워킹맘의 업무는 아직 산더미다. 안절부절못하다가 워킹맘은 상사의 눈치를 보며 아이를 데리러 잠깐 나갔다 와야 한다고 말했다. 그런 워킹맘에게 쓴소리를 해대는 상사…….

금방이라도 흘러내릴 듯한 눈물을 참으며 사무실 문을 나서는데, 여자 후배가 워킹맘을 보고 있다. 후배에게 한마디한다.

"결혼하지 마! 워킹맘은 회사에서도 죄인, 집에서도 죄인이야."

워킹맘이라면 한 번쯤 경험해보고 느꼈을 가슴에 와 닿는 대사일 것이다.

아이들 모두가 엄마의 품으로 돌아간 시간, 혼자 남아 엄마를 기다리고 있을 딸아이를 향한 발걸음을 재촉하며 워킹맘은 남편에게 전화를 건다. 물론 남편도 바쁘다. 서로의 마음을 잘 알기에, 해답이 없기에 둘은 또 그만 실랑이를 벌인다. 유치원으로 부랴부랴 뛰어가는 워킹맘. 마치 나를 보는 듯했다. 나 역시 "죄송해요. 지금 집에 들어가봐야 해요. 아이가 유치원에서 올 시간이거든요" 하는 이 말을 얼마나 많이 하고 눈치를 봤던가. 뒤이어 들려오는 말을 뒤통수로 또 얼마나 받아냈던가.

"아, 이거 참! 같이 일 못하겠네."

아이를 키우며 일을 하기란 정말 힘들다. 어디 하나에 제대로 '올인'할 수가 없는 상황이다. 일에 매진하면 아이를 포함해 가족들에게 미안한 일이 자꾸 생기고, 아이에게 올인하면 그만큼 일에 소홀할 수밖에 없다. 이러지도 저러지도 못하는 상황에 자꾸 처하게 되니, 정말이지 '미치고 환장한다'는 표현이 딱 맞다.

누군가에게 이렇게 하소연하면 돌아오는 답은 정해져 있다.

"그러니까 회사를 그만둬!"

그런 말을 들을 때면 얼마나 서럽고 답답한지 울화통이 터지고, 때로는 정말 모든 것을 다 때려치우고 싶어질 때도 있다. 심한 경우 우울증에도 걸린다. 정말 워킹맘의 답답함은 혼자만의 문제가 아니다. 엄마가 불행하면 아이도 불행하고 남편도 불행하다. 이 문제는 어떻게 해결해야 할까?

여기서 이 모든 것을 해결할 마법 같은 기술을 알려주지는 못한다. 육아 문제와 우울증 치료 이야기는 나중에 다룰 기회가 있을 것이다. 지금은 어떻게 하면 이런 상황에서 좀 더 슬기롭게 사람들과 관계를 맺을 수 있는지에 대해 몇 가지 노하우를 소개할까 한다.

화나고 복잡한 감정에 얽매여 있을 때는 그 누구와도 소통이 안 된다. 내가 죽겠는데 누구를 이해하라는 말인가? 다들 "네가 그냥 너그럽게 이해해!"라고 말하는데 그게 가능한가? 그럼에도 불구하고 우리는 해야만 한다. 그러니 내 감정을 충분히 스스로 조절한 다음 흥분을 가라앉히고, 누군가와 대화를 시도해보는 것이 좋다.

즉, 스스로 감정을 조절할 수 있는 버튼을 장착해보자. 이것은 순간이나마 멀리 떨어져 이 상황을 바라볼 수 있는 버튼이다. 바로 눈 앞에 있는 사물은 커 보이게 마련이다. 하지만 뒤로 물러날수록 작아 보인다. 지금 눈앞에 펼쳐진 상황은 대단히 커 보인다. 그런데 뒤로 물러나 이 상황을 본다면? 맞다. 아주 작은 문제가 된다. 지금 눈앞에 놓인 문제 때문에 인생 전부가 힘든 것 같은 착각에서 빠져나오자.

쉽게 말해 나를 순간 이동 시켜보자. 내가 마치 영화에서처럼 순간 이동을 할 수 있다고 상상해보는 것이다. 높은 건물 옥상에서 내가 앉아 있는 곳을 바라본다. 어떻게 보이는가? 작게 보이지 않는가? 가능하다면 더 높이 올라가보라. 구름? 더 높이 지구 밖까지 나가보라. 그곳에서는 내가 있는 지구, 그리고 어느 사무실에 앉아 고민하고 있는 내가 보이기나 할까?

우리나라 최초의 우주인 이소연 씨가 우주에서 지구를 바라보며 이렇게 말했다.

"내가 저렇게 아름다운 별에 살면서 어떻게 불평불만을 하고 살았을까?"

아마도 저 우주에서 지구를 바라본다면 내가 지금 끙끙 앓고 있는 문제는 보이지도 않을 것이다. 그리고 얼마나 부질없는 것을 쥐고 하루하루를 살고 있는지 깨닫게 될 것이다.

지금 당장 눈앞에 놓인 문제 때문에, 나를 힘들게 만드는 그 사람 때문에 끙끙 앓지 말고, 멀리 떨어져서 관망해보자. 당신에게는 순간 이동 버튼이 있다. 그 버튼을 눌러보자. 당신은 순간 저 높은 건물 옥상, 또는 하늘에서 당신이 있는 곳을 내려다볼 수 있다. 어떤가? 아마도 당신이 처한 상황이 조금은 가볍게 느껴질 것이다. 또한 멀리서 바라보기에 객관적 시선을 가질 수 있고, 당장 눈앞에 있기에 흥분할 수밖에 없었던 감정이 조금 가라앉을 수 있다. 그러니 힘든 상황일 때 눌러보자, 순간 이동 버튼을!


그다음으로는 순식간에 감정을 변화시키는 놀라운 버튼을 활용하자. 이 버튼은 바로 현실 치료 요법에 나오는 '전행동이론'이다. 인간의 모든 행동은 활동, 생각, 느낌, 신체적 반응 이렇게 네 가지로 구성되어 있으며, 서로 연관되어 어느 한 가지를 변화시키면 다른 요인들도 점차적으로 변화한다는 이론이다. 어렵다면, 이해를 돕기 위해 다음의 지시 사항을 그대로 따라서 해보라.

지금 당신이 떠안고 있는 걱정거리를 머릿속에서 지워보자. 잘 안 되는가? 그렇다면 눈을 감고 지우개로 깨끗이 지워보자. 어떤가? 걱정거리가 지워졌는가? 쉽지 않을 것이다. 아마도 여기까지 책을 보느라 당신은 많이 힘들었을 것이다. 그래서 더 쉽지 않을 수도 있겠다. 그러니 잠깐 스트레칭을 해보자.

책에서 눈을 떼고 자리에서 일어나 하늘을 향해 으라차차 기지개를 한번 크게 켜보자. 내친김에 하늘을 향해 두 팔 쭉 펴고, 오른쪽으로 한 번, 왼쪽으로 한 번 몸을 쭉 펴보자. 허리에 손을 짚고 뒤로도 크게 활처럼 휘어 가슴을 쫙 늘려보자. 이번에는 허리를 숙여 두 팔을 발까지 쭉 내려 허리를 펴보자. 이제, 제자리로 돌아가자.

어떤가? 방금 스트레칭을 하는 동안 조금 전의 고민거리를 떠올렸는가? 나는 이 기술을 강의 때마다 수강생들에게 시도해본다. 대부분은 이러한 행동을 할 때만큼은 고민거리가 전혀 생각나지 않았다고 답한다. 바로 이거다. '전행동이론'으로 쉽게 지워보는 것이다. 즉, 우리는 머릿속의 생각을 쉽게 조절하지 못하지만 우리가 하는 생각, 느끼는 감정, 그에 따른 신체 반응과 활동은 동시에 일어나기 때문에 이 중에서 가장 쉽게 변화시킬 수 있는 행동을 바꿔보는 것이다. 행동을 바꾸면 그에 따른 신체 반응, 감정, 생각이 동시에 바뀔 수 있기 때문이다. 잠깐 동안의 스트레칭만으로도 생각이 바뀌는 것이다. 두 팔을 벌려 기지개를 펴고 허리를 숙였다 일어나는 그 짧은 순간만큼은 조금 전의 고민거리는 떠오르지 않는다.

따라서 내 앞의 사람 때문에, 지금 날 힘들게 하는 그 고민거리 때문에 골머리를 앓고 있다면 술을 찾는 대신 전혀 다른 행동을 하라. 잠깐 그 자리를 피한다든지, 가벼운 산책을 한다든지, 더 역동적으로 움직인다든지 등등……

물론 그렇다고 문제가 완벽하게 해결되는 것은 아니다. 다만, 그 순간 차오르던 분노나 부정적 감정의 수위가 전보다는 조금 떨어질 수는 있다. 그렇게 되면 좀 더 객관적 시선으로 다시 문제를 바라볼 수 있게 된다.

꼭 기억하자. 상대를 바꿀 수는 없다. 물론 상황도 바꿀 순 없다. 그렇다면 스스로가 바뀌면 되는 것이다. 두 가지 버튼을 장착하자. 순간 멀리 떨어질 수 있는 순간 이동 버튼 하나, 전혀 다른 행동으로 생각을 지우는 버튼 하나! 이렇게 버튼 두 개를 든든히 장착했다면 세상으로 출동해도 좋다.

# 09

# 생산적 대화로 이끌어야 한다

휴일 아침, 거리에서 한 연인이 대화를 나누고 있다.

여 : 자기야! 우리 영화 보자. 영화 보고 맛있는 거 먹자. 응?

남 : 그래!

여 : 명량 보는 거 어때?

남 : 좋아!

여 : 점심은 피자 먹자?

남 : 응.

여 : (버럭 화를 내며) 무슨 대답이 그렇게 무성의해?

남 : 왜?

여 : 자기는 항상 그래. 내가 무슨 말만 하면 그래, 좋아, 응이야.
　　자기는 보고 싶은 영화 없어? 먹고 싶은 거 없어?

남 : 넌 항상 네 뜻대로만 하잖아. 영화도 너 보고 싶은 거, 밥도
　　 너 먹고 싶은 거.

여 : 내가 자기 뜻대로 안 해준 게 뭐가 있는데? 말해봐!

남 : 그냥 넘어가자!

여 : 뭐? 그냥 넘어가! 자기는 항상 그냥 넘어가지?

남 : …….

처음 시작된 대화 내용이나 그들의 옷차림으로 봐서 두 사람은
데이트하러 나왔을 텐데, 참 안타깝다. 만남의 목적을 달성하지도
못하고 헤어져버리다니……. 여자에 맞춰주려고 간결하게 답하는
남자를 여자는 무성의하다고 생각했고, 남자는 사랑하는 여자의 말
꼬리를 물고 늘어지는 상황이 되고 말았다. 못내 아쉬운 대화다.

이런 대화, 우리가 흔하게 마주하는 상황이다. 이처럼 만남의 목
적은 잊고, 서로의 기분과 상대의 말뜻을 이해하지 못해서 싸우는
경우가 많다. 그래서 소중한 시간이어야 할 만남이 시간 낭비, 에너
지 낭비로 끝나는 경우도 허다하다. 그래서 늘 본질을 보는 연습이
필요하다. 만남의 목적이 어디에 있는지를 절대 잊지 말자.

언젠가 프로젝트를 위한 회의에 참석한 적이 있다. 각기 다른 분
야의 콘텐츠를 가진 사람들이 하나의 프로젝트를 위해 모인 자리였
다. 대부분 내가 처음 대하는 이들이었다. 그러니 더 조심스럽기도
하고, 내 의사를 충분히 전달해야지 하는 마음이었다. 그런데 자리
에 모인 이들은 하나같이 자기 목소리만 높이고, 그 기싸움이 장난

아니었다. 모임의 목적은 프로젝트를 잘 기획해 함께 '윈윈'하는 것인데 말이다.

그 아까운 시간에 각자 자신들의 콘텐츠 자랑에만 열을 올리고, 회의 진행자는 의견을 취합하는 데 애를 먹었다. 긴 시간 동안 공동의 목적인 콘셉트를 잡는 데는 실패하고, 결국 다음을 기약하며 헤어졌다.

바쁜 생활 속에 우리는 시간과 돈을 들여 미팅을 갖지만, 흡족한 마음으로 헤어지는 미팅은 그리 많지 않다. 말은 꼬리에 꼬리를 물다 쓸데없는 이야기로 번지고, 그러다 감정이 틀어지면 그로 인해 오해와 갈등이 생기고, 그러다 보면 많은 시간을 들였음에도 불구하고 뚜렷한 결과 없이 헤어지게 되는 경우가 너무 많다. 우리가 왜 이 자리에 모였는지 만남의 목적, 즉 본질에 대해 끊임없이 상기했더라면 회의는 산으로 바다로 가지 않았을 테고, 소중한 시간을 생산적으로 활용할 수 있었을 것이다.

이야기를 하다가도 '어? 우리가 오늘 왜 만난 거지?'를 떠올리며 다시 첫 출발점으로 자꾸 돌아가야 한다. 그래야 "아휴, 시간만 낭비했네!"라고 말하지 않고, "참 알찬 시간이었어!"라고 느끼며 돌아갈 것이다.

우리가 모인 것은 상대를 이기기 위해서가 아니라 서로 윈윈하기 위해서이다. 왜 만났는지, 그 목적을 잊지 말아야 한다. 그것을 잊지 않고, 그것에 벗어나지 않는 대화를 이어갔다면 우리는 제시간 안에 꽤 효율적인 회의를 이어갔을 테고, 좋은 결과도 얻었을 것이다. 그날의 회의가 못내 아쉽기만 하다.

생산적 대화를 나눈다는 것은 바로 그 대화의 본질에 충실해야 한다는 것이다. 요즘처럼 분주하게 돌아가는 세상에 다들 바쁜 시간을 쪼개어 시간을 냈을 텐데, 어떠한 결론도 내지 못하는 무의미하고 비생산적인 미팅이라니……. 그 누구에게도 이롭지 못하다. 그러니 말 한마디를 꺼낼 때 반드시 생각하자. 지금 내가 할 말이 오늘 모임의 본질에 충실한가를…….

물론 모든 만남이 이렇게 타이트하진 않을 것이다. 어떠한 목적 없이 그냥 수다를 떠는 만남도 있다. 물론 그럴 때는 어떠한 가이드라인 없이 자유 발언을 해도 된다.

그런데 이때도 신중히 생각해보자. 그냥 만나는 만남은 없다. "편하게 그냥 차나 한 잔 하지?"라는 만남 역시 '오늘 이 사람을 만나 잠깐 스트레스를 좀 풀어봤으면……', '기분 전환했으면 좋겠다'라는 소기의 목적은 다들 있게 마련이다. 만약 그것이 충족되지 않았다면 집으로 돌아가는 길에 생각한다.

'아! 괜히 만났네. 시간만 낭비했군!'

하지만 그 소기의 목적이 달성이 되면 '나오길 잘했다. 만나길 잘했어!'가 되는 것이다.

반드시 기억하자! 어떠한 만남이든 목적이 있다. 그러니 늘 유념하자.

'지금 이 만남에서 내가 기대하는 것은 무엇인가? 우리가 만나는 목적이 무엇인가?'

그것에 부합하는 대화를 이끌어가자. 그것이 서로에게 후회 없는 가장 생산적인 대화가 될 것이다.

# 흐리멍덩하게 사는 것이 정답이다?

나는 첫인상이 굉장히 강한 편이다. 살짝 튀어나온 광대뼈와 살짝 각진 턱선, 그리고 큰 눈의 얼굴 구성이 그다지 선한 인상을 주지 못하는 조합이다. 그래서인지 말을 하지 않고 가만히 앉아 있으면, 어느 누구도 쉽게 다가오지 않는다.

대학 때는 어리석게도 그것을 즐겼다. 하지만 방송을 하면서 그리고 특히 사람들을 많이 대하는 강사로 활동하면서 차가운 첫인상이 결코 플러스가 아니라는 것을 깨달았다. 그래서 마음먹었다. 사람들이 다가오길 기다리지 않고, 내가 먼저 다가가야겠다고!

그때부터 나는 사람들에게 먼저 다가가 말을 걸었다. 그리고 말하기 전에 먼저 미소를 보냈다. 때로는 싱거울 만큼 헤헤 웃어 보이며, '저 차가운 사람 아니에요'라는 메시지를 대놓고 보낸다. 그러고는 말한다.

"저요? 말도 마세요! 헛똑똑이 푼수랍니다!"

일상 그대로의 나를 드러낸다. 그렇게 다가갔더니 정말 놀라운 일이 벌어졌다. 내 주변에 사람들이 북적이기 시작했다. 대부분 나에게 경계심을 갖지 않았고, 그렇게 웃으며 다가가는 나를 한결같이 반갑게 맞아주었다. 그리고 금세 몇 년 만난 사이처럼 스스럼없이 자신의 이야기를 쏟아내곤 한다. 사실 자신도 그랬노라고, 자신도 헛똑똑이라며…….

우리는 누구나 사람들을 만나면 먼저 있는 척, 가진 척을 하게 된다. 조금이나마 상대보다 더 나은 모습이길 원하고, 지기 싫어하며, 그래서 의도치 않은 가면도 쓴다. 상대 역시 내게 지지 않기 위해 더 센 척을 하고, 그렇게 철저히 포장된 상대와 나는 가식적 대화만을 나눈 채 무언가 참 불편한 마음을 안고 헤어진다.

이러한 불편함이 싫다면, 당신부터 먼저 망가져보라. 그냥 처음부터 망가져보자. 보여주기 식의 위장된 내가 아닌, 아주 솔직한 나를 드러내는 것이다. 상대도 그랬을 법한 경험들을 먼저 가볍게 툭 터뜨리면 상대도 절로 툭 터지는 그런 것들을 살짝 보여주면 된다. 그럼 상대는 전혀 나를 경계하지 않을뿐더러 있는 그대로의 나, 거기서 더 나아가 생각지도 못한 이야기까지도 꺼내게 된다. 자신도 모르게 쓰고 있던 가면을 스스로가 불필요하다고 느끼게 되고, 점차 그 가면을 벗어던지게 되는 것이다. 이렇게 먼저 망가지는 것은 쉽게 아군을 만드는 최고의 전략이기도 하다. 어느 나이 지긋하신 분의 말씀이 참으로 가슴에 와 닿는다.

"인생을 살아보니 흐리멍덩하게 사는 것이 정답이다."

강좌를 개설하고, 수강생을 처음 만나는 날이면 나는 그 어느 때보다 가장 많이 미소 짓고 웃는다. 강좌 커리큘럼에 올라가 있는 사진은 굉장히 차갑고 도도하며, 때로는 싹수없어 보이기까지 한다. 그래서 그럴 거라 예상하고 온 이들의 편견을 깨기 위해, 그리고 그들은 이미 방어 태세를 취하고 오기에 빠른 시간 내에 친밀감을 쌓기 위해 나는 연신 미소 지으며 이야기를 한다.

그리고 나의 이야기를 스스럼없이 오픈하며 망가진다. 나를 온실 속 화초처럼 자랐을 거라고 생각한 수강생들은 산전수전 다 겪은 나의 이야기를 듣고, 금세 친구가 되어준다. 그러고는 경계의 눈빛 대신 두 손을 꼭 잡고 격려도 해주고, 때로는 자신도 그랬다며 살며시 내게 오픈해주는 이도 있다. 그럼 우리는 더더욱 친밀한 관계로 발전하게 된다. 나를 자신들이 이겨야 할 대상이 아니라 함께 가도 좋을 동지로 받아들이는 것이다.

그런데 여기서 잠깐, 망가짐에도 수위 조절이 필요하다. 너무 큰 망가짐은 상대를 오히려 멀어지게 할 수 있다. 아직 받아들일 만큼 친밀감이 없는데 너무나 큰 충격에 부담스러워할 수도 있고, 자기와는 다른 부류의 사람 같아 거리를 두려고 할 수도 있다. 그러니 살짝, 상대도 한 번쯤 실수했을 법한 그런 것들, 한 번 크게 웃으며 환기될 만한 가벼운 것들, 그 정도에서 망가지자.

특히 이성 간에는 더 조심하자. 아무리 거리낌 없이 나를 오픈한다고 하지만 마음에 드는 남자 앞에서 하품을 쩍쩍 하는 모습을 보이는 것은 옳지 않다. 소탈한 모습이 모두에게 좋아 보이지는 않기 때문이다. 그러니 도도함의 껍질과 망가짐, 그 사이에서 적당히 조절하며 나를 내려놓아야 한다. 꽤 어려울 것 같지만 하다 보면 적절하게 조절이 된다. 친구 사이에서는 이 정도, 상사와는 이 정도, 고객과는 이 정도면 되겠구나 하고…….

어쨌든 먼저 망가지는 것이 중요하다. 상대가 나에게 경계의 태세를 풀고 호감을 갖게끔, 인간적 매력을 느낄 수 있을 만큼만!

# 먼저 망가지기 위한 팁

- 상대를 파악하고 상대의 관심사를 알아두자.
- 상대의 관심사 범위 안에서 나의 실수담이나 약점을 찾아보자.
- 망가졌던 이야기를 꽤 생생하게 이야기한다. 그래야 진정성이 느껴지니까.

# 대화의 마지막, 후기 메시지를 보내라

방송 일을 하다 보면 1년에 두 번 긴장의 순간이 있다. 바로 봄, 가을 개편이다. 개편의 바람, 시청률과의 싸움 등 나는 방송 일에 종사하는 사람들의 심적 고통을 충분히 이해한다. 개편 이야기가 나오면 내 머릿속에 자동으로 떠오르는 방송작가 선배가 있다.

글 잘 쓰고, 성실하고, 동료들과의 관계도 꽤 좋은 선배가 언제부터인가 프로그램을 같이하는 프로듀서와 적지 않은 틈이 생기기 시작했다. 그 틈이 생긴 이유는 다름 아닌 총각 피디의 연애사 때문이었다. 피디는 자신과 열애 중인 서브작가를 메인작가로 앉히고 싶었던 모양이다. 결국 피디는 메인작가의 원고를 문제 삼아 애인을 그 자리에 앉혔고, 선배는 하차하게 되었다.

선배가 원고를 쓴 마지막 방송 날, 모두들 그가 출근하지 않을 것이라고 생각했다. 그런데 선배는 두 시간 음악방송 프로그램을 지켜보고, 여느 날과 다름없이 침착하게 엠시(MC), 피디와 호흡을 함께 하고 떠났다. 보통의 경우, 개편 안에 자신의 이름이 없다는 것을 확인하고 나면 피디에게 따져 묻는다. 또 그날로부터 생방송 중에는 모습도 드러내지 않고 원고만 메일로 보낸다.

진짜 아름다운 사람의 뒷모습은 이런 게 아닐까? 그때 나는 선배를 보면서 나 역시 어떠한 상황에서든 뒷모습까지 아름다운 사람이 되자고 다짐했다.

나의 연애 철학 중 하나로, 데이트 이후 상대의 마음을 진단하는 나만의 테스트가 있다. 나를 집 앞까지 데려다주고 난 후 남자의 태도를 보는 것이다. "잘 들어가요. 빠이빠이" 하고 난 후 바로 휙 돌아서느냐, 아니면 내가 들어가는 모습을 한참을 바라보느냐이다. 물론 개인마다 성향이 다를 수는 있겠지만 나에게 조금이라도 마음이 있는 사람이라면 헤어지고 나서 바로 휙 돌아서지는 않는다. 적어도 나의 경우 여태껏 적중했다.

그리고 또 한 가지! 내가 집에 들어왔을 때 바로 문자메시지가 오느냐, 오지 않느냐이다. '잘 들어갔죠? 오늘 즐거웠어요. 잘 자고 다음에 봐요!'라는 메시지가 온다면 빙고! 이 사람은 나에게 확실히 마음이 있는 것이다. 하지만 그 어떠한 메시지도 오지 않는다면 나에게 호감이 없는 것이다.

이것의 연장선상으로, 나는 강의를 끝낸 후 바로 내 블로그 후기를 점검한다. 블로그에는 나의 첫인상, 강의 내용, 강의를 듣고 난 후 자신의 태도 변화 등 다양한 후기가 올라온다. 그러나 그 내용을 유심히 보면 형식적 후기인 경우도 있고, 정말로 감사하게 진심으로 쓴 후기도 있다. 가끔은 수업이 끝난 직후 집에 돌아오는 길에 문자 메시지나 메일을 받는 경우도 있다.

'오늘 강의 정말 좋았습니다. 이렇게 강사님을 알게 되어 기쁩니다. 조심히 들어가시고요. 다음에 또 뵙기를 희망합니다.'

이런 소중한 메시지를 받는 날은 그야말로 기분이 최고다. 그리고 그 교육생의 이름은 절대 잊지 않는다. 다음에 또 만나게 되면 특별히 그 교육생을 챙겨줄 수밖에 없다. 사람은 누구나 나에게 호감을 갖는 사람한테 마음을 열게 되어 있으니까.

그리고 문자메시지보다 더 강력한 감동은 바로 대화를 하는 것이다. 강의가 끝나고 집으로 돌아와 쉬고 있는데 전화벨이 울렸다. 조금 전 수업을 받았던 나의 수강생이다.

"선생님! 오늘 수업 감사했습니다. 메시지로 보내려다가 직접 말로 하고 싶었어요. 정말 감사합니다. 덕분에 오늘도 많이 성장했습니다."

이때 내 입꼬리는 쭉 올라가고, 나는 허공에 대고 인사를 한다.

"아휴! 제가 더 감사합니다. 제가 드린 것보다 더 많이 가져가셔서 감사드립니다."

이 수강생과는 지금도 가끔 연락을 주고받는다. 늘 감사하다는 말과 잘 지내느냐는 안부가 주된 내용이지만 말이다.

잊지 못할 이가 또 있다. 직접 내 강의를 듣진 않았지만 나의 블로그와 방송을 듣고, 감사의 메시지를 보낸 이다.

어느 늦은 밤, 전화벨이 울렸다. 내게 '선생님'이라는 호칭을 사용하며 다소 울먹이는 목소리로 연신 감사하다는 말을 되풀이하는 것이다. 차분히 이야기를 들어보니, 직장생활로 힘든 시간을 보낼 때 우연히 내 블로그 안의 메시지를 보고 힘을 얻었다는 것이다. 그래서 감사의 말을 하고 싶어 용기를 내어 전화기 버튼을 눌렀다고 한다. 얼마나 가슴이 뜨거워지던지 내가 더 눈물이 날 뻔했다. 그 역시 지금도 연락을 하며 지낸다.

누군가에게 잊히지 않는, 가슴에 남는 사람이 되고 싶다면 정성이 담긴 후기를 보내자. 내가 보낸 몇 자 안 되는 메시지에 상대는 생각한 것 이상의 감동을 받는다.

'잘 들어가셨나요? 오늘 만남 즐거웠습니다. 더 좋은 모습으로 또 봐요!'

어떤가? 당신은 누군가와의 만남 이후 이러한 메시지를 보내는가? 만약, 당신에게 이러한 메시지가 왔다면 기분이 어떨 것 같은가? 이렇게 후기 메시지를 보내준 사람을 특별히 더 챙기게 될 것이다. 끝까지 최선을 다하는 느낌, 뒷모습까지 아름다워 두고두고 그 사람이 마음에 남기 때문이다. 소개팅을 했든, 중요한 미팅을 가졌든, 그 어떤 만남이든 헤어지고 난 후 반드시 메시지를 보내자.

# 겉과 속이 같은 사람이 되라

겉과 속이 같은 사람! 당신은 어떤가? 누군가와 함께 일을 해야 할 때, 그 전에 반드시 상대에게 하는 질문이 있다.

"당신의 비전은 무엇인가요?"

비전을 물었을 때 확고하게 대답하는 사람이 있는가 하면, 왜 그런 걸 묻나 싶은 표정으로 자신의 비전에 대해 더듬더듬 회상하듯 답하는 사람도 있다. 어쨌든 나는 상대가 중요하게 생각하는 가치관, 신념, 비전에 대해 묻는다. 그러고는 한동안 그 사람이 말한 비전과 행동이 일치하는지를 지켜본다.

그 비전에 걸맞은 행동을 꾸준히 하는 사람은 내가 믿고 의지하며 나와 함께할 사람이다. 반면, 자신이 말한 비전이 무엇인지조차 모르는 듯 전혀 다른 행동을 하는 사람에게는 거리를 둘 수밖에 없다. 세상 속에서 사람과 인연을 맺는 나만의 방식이다. 그리고 이 방법은 백발백중이다.

겉과 속이 같은 사람이 된다는 것! 가장 유지하기 어려운 것 중 하나라고 할 수 있다. 솔직히 나 자신도 "저는 겉과 속이 같습니다!"라고 자신 있게 이야기하지 못하겠다. 왜냐하면 때에 따라 가끔은 페르소나(Persona)가 나오는 것도 같아서이다. 아직 멀었다, 나는! 그래서 늘 겉과 속이 같아지려고 나 자신을 단련시키고 있다. IN(나)에 집중하면서 말이다.

영화 〈관상〉에서 배우 이정재가 역모를 꾀하는 수양대군 역을 맡아 큰 인기를 끌었다. 나 역시 이 영화를 굉장히 재미있게 봤는데, 특히 이정재라는 배우를 다시 보게 됐다. 배우 이정재는 큰 비중이 아니었음에도 불구하고 강렬한 인상을 남겼다. 그가 인터뷰한 내용을 보고 다시 한 번 '이 배우 정말 멋지구나!' 하고 생각했다.

"수양대군의 불안정한 마음을 평소에도 유지했어요."

그는 수양대군을 연기하기 위해 그 역사 속 인물을 철저히 분석했고, 그것을 표현하기 위해 엄청난 노력을 기울였다고 한다. 나는 그가 의상이나 분장 등 겉으로 비춰지는 외적인 표현뿐만 아니라, 내적인 표현에 가장 큰 공을 들였다는 점에 무척 감동했다.

그는 시대적 배경과 상황을 고려했을 때 수양대군이 늘 불안했을 거라고 분석했다. 그래서 감정의 파도가 심하고 일상이 불안정한 수양대군을 그리기 위해 영화를 찍는 내내 불안정한 심리상태를 유지했다고 한다.

"과하지 않은 연기 톤을 유지하기 위해 여러 가지 노력이 필요했어요. 심리 상태도 항상 꼬여 있고 뒤틀려 있는, 만족스럽지 않은 상태를 유지했죠. 차 안에서도 집 안에서도 늘 대사를 중얼거렸죠. 수양대군이라는 인물이 실생활에 붙어 있을 수밖에 없었어요. 심리를 항상 염두에 두어야 했으니까요."

오! 정말 멋진 인터뷰다. 내가 어떤 마음을 먹느냐에 따라 나의 말과 행동은 달라진다. 스피치 강의를 할 때 늘 하는 이야기가 있다.

"겉만 번지르르한 말의 기술을 배우는 것보다 나의 내면의 언어를 정비하는 것이 우선입니다."

왜냐하면 나의 내면의 언어가 입 밖으로 튀어나오는 것이 스피치이기 때문이다.

대부분의 사람은 겉으로 드러나는 말과 행동 등으로 나를 판단한다. 그런데 진정한 나는 나의 깊은 내면에 잠재된 나의 가치, 신념, 선입관, 경험 등이라고 할 수 있다. 여기서 중요한 것은 나의 깊은 내면에 잠재된 나의 가치, 신념 등은 반드시 나의 말과 행동으로 표현된다는 것이다. 제아무리 멋진 가면을 쓴다 해도 언젠가는 벗겨진다는 이야기다. 평소 자신의 모습을 생각해보라. 자신의 가치관에 따라 말과 행동이 겉으로 표현된다는 것이 느껴질 것이다.

나는 말을 깔끔하게 하는 사람을 좋아한다. 이것은 단순히 말 잘하는 것을 떠나 얼마나 자기 생각을 일목요연하게 정리하느냐가 그 사람의 신뢰감까지도 나타내준다고 생각하기 때문이다. 이에 반하는 사람을 만났을 때 솔직히 나는 다소 거리를 두는 말과 행동을 한다. 이렇듯 내가 이야기하고 행동하는 모든 기준에는 나의 가치관, 신념이 서 있다. 그 기준으로 세상을 바라보고 말하고 행동한다. 그러니 내 안에 어떤 것을 담느냐에 따라 나의 말과 행동이 달라진다는 것이다.

진정한 스피치는 발성, 발음, 화법만으로 끝나는 게 아니다. 내면의 언어, 즉 내 안의 가치관, 신념 등을 끊임없이 정비하는 자세가 필요하다. 내 안의 가치관, 신념 등을 제대로 갖춰야 훌륭한 스피커, 진정한 리더가 되는 것이다. 그래야 진정 겉과 속이 같은 사람이 되지 않겠는가?

내 안의 가치관, 신념, 비전, 사명 등 내면의 언어를 정비해보자. 내면의 언어는 나의 말로 드러나고, 나의 말에는 내 인격이 묻어나온다.

## 겉과 속이 같은지, 다른지 확인하기

다음 두 질문에 답해보자.

• 내가 가장 중요하게 생각하는 가치는 무엇인가?
• 지금 하려는 행동이 나의 가치관에 부합하는가?

두 번째의 답이 '그렇다'로 나온다면 당신은 겉과 속이 같은 사람이고, '아니다'로 나온다면 당신은 겉과 속이 다른 사람이다.

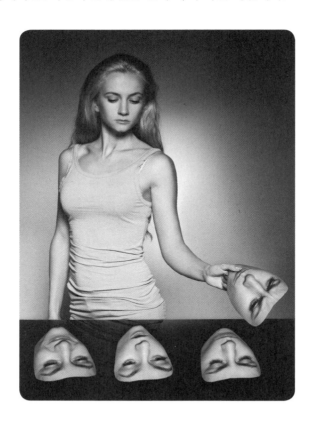

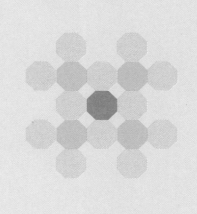

Part 2

# How to win?

# —Smart·똑똑하게

## 마음의 다리를 놓아라

다짜고짜 자기가 원하는 것만 들이미는 사람들이 있다.

"이번에 새로운 상품이 출시됐는데, 성능이 굉장히 좋아요!"

"인호야! 내 부탁 좀 들어줄래?"

"인호야, 내 이야기 좀 들어봐!"

밑도 끝도 없이 들이미는 이런 사람들을 보면, 잘 해줘야겠다는 마음마저 사라져버린다. 어린 내 딸도 내게 무언가를 원할 때는 이렇게 하지 않는다. 아주 애교스런 표정으로 다가와 코에 바람을 빵빵하게 넣고 말한다.

"엄마! 내가 오늘 내 방 장난감도 다 정리하고, 할머니랑 빨래도 개고 그랬어. 나 잘했지? 엄마! 그럼 나 스티커 사주라, 응?"

보통 사교성이 좋은 사람들은 공통점이 하나 있다. 그들은 처음부터 자기가 원하는 것을 먼저 말하지 않는다. 충분히 상대와 어울려 상대를 기분 좋게 해준 다음에 자기가 원하는 것을 은근슬쩍 흘리듯 이야기한다.

지인 중 연봉 1억이 넘는 '보험여왕'이 있다. 그녀는 늘 서글서글한 웃음을 띠고 있었고, 내 어머니의 장황한 수다도 불편한 내색 한 번 없이 기꺼이 들어주곤 했다. 그녀를 처음 봤을 때 첫 느낌은 '참 사람 좋구나!'였다. 그러다 차츰 우리 집에 오는 횟수가 늘어나면서 내가 그녀를 '수정 언니'라고 부를 만큼 가까워졌다. 그런데 참 이상하게도, 그녀의 직업이 보험설계사인 만큼 어쩌다 한 번쯤 혹은 실수로라도 보험 이야기를 흘릴 법한데, 그녀는 한 번도 보험 상품에 대한 이야기를 꺼낸 적이 없다. 언제나 어머니와 차를 마시면서 이런저런 수다만 떨고 가는 것이다.

'연봉 1억! 보험여왕 맞아?'

나는 그녀의 직업 앞에 붙은 수식어를 의심할 수밖에 없었다. 그러던 어느 날, 어머니의 통화 내용을 듣고 감탄사를 연발하기에 이르렀다.

"여보세요? 수정 씨? 한참 수다 떨다가 진짜 해야 할 말을 못했네. 아무래도 말이야, 우리 남편 실손보험 하나 넣어야 할 것 같아? 응, 언제 시간 돼?"

아뿔싸! 그녀의 수다는 영업이었던 것이다. 그녀의 전략으로, 어머니만의 보험설계사였던 그녀는 어느새 우리 온 가족의 보험설계사가 되어가고 있었다.

눈치챘는가? 처음부터 내 패를 꺼내지 말라는 것이다.

페이싱(Pacing) & 리딩(Leading), 즉 보조 맞추기와 유인하기! 이 말은 충분히 상대와 어울리며 보조를 맞춰 친밀감을 쌓고, 그다음 상대 마음의 문이 열리면 그때 가서 내가 원하는 방향으로 유인하라는 것이다.

보통 우리는 먼저 내가 원하는 대로 상대를 유인하려고 한다. 하지만 상호 신뢰나 친밀감이 쌓이지 않은 상태에서의 유인은 상대의 저항감만 키울 뿐이다. 충분히 상대와 어울려 친밀감을 쌓은 다음 상대 마음의 문이 열리면 내가 원하는 대로 리드하면 된다.

여기서 가장 중요한 키워드가 바로 친밀감, 라포르(Rapport)다. 친밀감이란 나와 상대방 사이에 마음의 다리가 생긴 뒤에 서로에게 호감을 갖게 되는 것이다. 보통 성미가 급하거나 사교성이 전혀 없는 사람들에게서는 이 기술이 전혀 발견되지 않는다.

가끔 내게 도움을 청하는 이가 있는데, 그의 경우가 그렇다. 그는 늘 자기가 원하는 것만 이야기하기 때문에 전화를 받을 때마다 기분이 썩 유쾌하지 않다. 그 흔한 날씨 이야기라도 좀 하고 본론으로 들어갔으면 좋겠는데 말이다.

"인호 씨! 시간 되나요? 나 좀 도와줬으면 좋겠어."

나보다 연배도 있고 경험도 많아 언제든 어떤 이유로든 불러만 주신다면, 그 곁에서 많은 것을 배우고 싶은 마음이었다. 그런데 다짜고짜 자신의 용건부터 말하는 전화 예절처럼 그는 늘 자기 것만 내세우고, 자신의 잇속부터 챙기는 것 같다. 게다가 나를 이용만 하려는 것 같아 그에 대한 실망감이 이만저만이 아니다. 처음엔 무조건 도와드렸다가 이제는 가급적 연락을 피해야겠다는 생각마저 들게 한다.

원하는 것을 얻고 싶은가? 그렇다면 먼저 상대의 마음을 열어라! 그러기 위해서 보조를 맞추는 것이 중요하다. 나는 이 기술을 물건 구입할 때나 식당에서 종종 활용한다.

"와! 언니는 어쩜 그리 피부가 좋으세요? 화장품 가게를 하셔서 그런가? 부럽네요!"

"어머나! 호호호. 그런가요? 고마워요! 이거, 이번에 나온 아이크림 샘플인데요, 많이 넣어드릴게요. 호호호."

"사장님, 여기 음식은 진짜 맛있어요! 매번 감동이에요!"

"아, 정말요? 감사합니다. 제가 서비스 하나 더 드릴게요. 또 오시라고요! 호호호."

칭찬에 관련된 이야기는 다른 부분에서 더 깊이 다루기로 하고, 이것만 명심하자. 칭찬 역시 라포르 쌓는 기술 중 하나라는 것! 그리고 세상을 좀 더 풍성하게 살 수 있는 방법은 '페이싱 & 리딩'이라는 것!

# 대화하며 간단하게 페이싱 & 리딩 하기

- 먼저 상대를 관찰한다. 그러기 위해 먼저 들어라.
- 들으며 상대와 나의 공통점을 찾아 공감대를 형성한다.
- 이야기하면서 상대와 비슷한 행동을 취한다.
- 상대의 목소리 톤과 비슷하게 이야기한다.
- 슬며시 내가 원하는 것을 말한다.

## 02

# 단숨에 공감대를 형성하라

앞서 '페이싱 & 리딩', 즉 보조 맞추기와 유인하기에 대한 이야기를 했다. 상대에게 충분히 보조를 맞추고 친밀감을 쌓은 다음, 상대가 마음의 문을 열면 내가 원하는 방향으로 리드하는 것이 페이싱 & 리딩이다.

여기서 상대의 보조를 맞추는 첫 번째 기술이 바로 상대와 공통점을 찾아 공감대를 형성하는 것이다. 우리는 누구나 자신과 비슷한 사람을 좋아한다. 같은 노래를 좋아한다는 이유만으로도 우리는 친밀감을 느끼지 않던가!

친구 중 재미교포가 있다. 그는 어린 시절 미국으로 이민을 갔는데, 낯선 땅에서 동양인으로서 적응하기가 무척 어려웠다고 한다. 어딜 가나 그들과 다른 외모에 이질감을 느꼈고, 게다가 전혀 다른 문화와 정서로 그들과 어울리기가 쉽지 않았다고 한다. 그러나 시간이 지나면서 점차 적응하게 되었고, 그렇게 소통술을 하나씩 터득하고 나니 이제는 어느 누구와도 잘 어울릴 수 있게 되었다고 한다.

나는 그에게 그 비결을 구체적으로 물어본 적이 있다. 그의 답은 간단했다. 상대와의 공통점을 찾는 것이었다. 생김새와 언어가 다르지만 '그럼에도 불구하고 같은 점이 뭐가 있을까?'를 계속 붙잡는다. 처음엔 같은 것이라곤 전혀 찾아볼 수 없어 동떨어진 느낌뿐이다. 그러나 조금씩 이야기를 나누다 보면, 취미가 비슷하거나 가족 구성원이 비슷하거나 고민거리가 비슷하거나 하는 공통점을 발견할 수 있다. 그렇게 하나씩 서로의 공통점을 찾아내고 교감하면서 금방 친한 사이가 된다는 것이다. 그래서 이제는 그 어떤 새로운 환경에도 잘 적응할 수 있다고 한다.

공통점이 있다는 것은 어떤 면에서 나와 비슷하다는 의미다. 우리 주변을 떠올려보자. 그들은 어떤가? 떠올려보면 내 주변 사람들은 대체로 나와 공통점이 많다. 취미가 같고 생각하는 것도 비슷하고 만나면 공통된 이야깃거리가 넘친다. 그래서 만나면 편한 사람들이다. 반대로 나와 거리감 있는 사람들은 어떤가? 왠지 만나면 불편하고 나와는 좀 다르다. 그래서 우리는 흔히 이렇게 이야기한다.

"저 사람은 나와 코드가 안 맞아!"

결국 공통점이 많을수록 마음을 쉽게 열게 되고, 끈끈한 친밀감을 갖게 된다. 그리고 상대와 공통의식을 가짐으로써 한층 더 공감하고, 뭔가 협력관계가 이뤄진 듯한 신뢰감이 형성된다.

비즈니스 모임에서 알게 된 이가 있다. 그는 나와는 전혀 다른 업에 종사하고 관심사도 달라, 만나면 서로 인사만 건네는 정도였다.

그런데 다른 곳에서 우연히 그를 만났다. 고향 이야기가 나와 어디냐고 여쭸더니 나와 같은 광주라고 했다.

"어머나! 반가워요, 선배님! 어디 학교 나오셨어요?"

그렇게 갑작스레 고향 선후배가 된 우리는 고향 이야기로 시간 가는 줄 모르고 이야기를 나눴다. 그렇게 이어진 대화는 전혀 상관없는 업무 이야기에도 고스란히 이어졌다. 어떠한 경계도 없이 서로 터놓을 정도에 이르렀다. 사회에서 만난 사람들과의 관계가 그렇듯 적당한 거리감이 존재했는데, 동향이라는 이유로 그 거리가 확 좁혀진 것이다. 지금은 그 누구보다도 서로를 응원해주고 조언해주는 든든한 비즈니스 파트너다.

역시 인간관계를 끈끈하게 엮어주는 것 중 으뜸은 고향 이야기다. 학연, 지연이 꼭 사회의 부정부패로 연결되는 것은 아니다. 그 과정이 투명하다면 같은 고향, 같은 출신 학교는 우리를 더없이 끈끈하게 해주는 매개체가 된다. 늘 '우리'라는 공동체로 한 방에 묶어주기 때문이다. 그리고 그것은 서로의 마음의 다리를 놓아준다.

라디오 DJ 시절, 생방송이 시작되기 전이면 늘 오프닝에 대해 고민을 멈출 수 없었다. 나와 청취자를 하나로 묶을 수 있는, 그들도 공감하고 나도 공감하는 이야깃거리를 찾아 헤맨다. 일단 자주 등장하는 소재는 날씨 이야기다. 모두 같은 하늘 아래 있으므로 날씨 이야기가 가장 무난하다.

"오늘 비가 내렸는데, 어떠셨어요? 혹시 저처럼 정신없이 카페에 우산 놓고 나오신 분은 안 계신가요?"

아마도 어딘가에서 "네. 저요!", "어머, 어머! 나도 잃어버렸는데!"라고 외칠 것이다. 날씨 이야기 외에 그날의 가장 큰 뉴스거리도 공감대를 형성하는 데 아주 좋은 소재다. 이렇듯 무조건 청취자와 내가 하나로 뭉칠 수 있는 공통점에 대한 이야기를 시작해 '우리'라는 울타리로 확 묶는다. 그렇게 시작해야 방송 끝까지 함께할 수 있다. 상호 마음의 다리가 놓여 끈끈해지는 것이다. 그것이 청취율을 올리는 비결이기도 하다.

이쯤에서 우리의 목표를 다시 상기해보자. 우리는 왜 지금 상대와 공통점을 찾으려고 하는가? 바로 상대를 내가 원하는 방향으로 이끌기 위해서다. 상대에게 나의 메시지를, 나의 콘텐츠를, 나의 제품을 설득시키기 위해서다. 이를 위해 앞서 말했던 것처럼 먼저 페이싱을 해야 한다. 먼저 상대가 나에게 마음의 문을 열도록 하는 것이 중요하다.

이것은 강의를 할 때나 회사에서 프레젠테이션을 할 때도 똑같이 적용된다. 대부분의 사람은 자신이 이야기하고자 하는 메시지만 공을 들여 준비한다. 그런데 그 전에 나의 메시지를 누구에게 전달하려고 하는지 청중 분석이 선행되어야 한다. 왜? 나의 목적은 그들을 설득하는 것이니까. 그들을 알아야 하는 게 당연하지 않겠는가?

그래서 그들의 마음을 열기 위해 먼저 공감대를 찾는다. 프레젠테이션을 듣는 청중의 관심사는 무엇인지, 나에게서 무엇을 듣길 원하는지, 어떤 이야기에 크게 공감할 것인지 사전 분석을 철저히 한 다음 내용 구성에 들어가야 한다.

나는 강의를 하면서 다양한 직업군과 다양한 연령층의 사람을 만난다. 같은 내용의 주제일지라도 청중이 누구냐에 따라 내용은 확연히 달라진다.

얼마 전 고등학교 캠프를 다녀왔다. 항상 성인들 교육만 하다 정말 오랜만에 청소년들을 만났다. 그들을 만나기 위해 내가 가장 고민한 부분은 '아이들과 어떤 이야기를 나눠야 공감대가 형성될까?'였다.

수많은 고민을 하며 자료 수집에 들어갔다. 인터넷에서 요즘 청소년들의 관심사도 검색해보고, 청소년들이 좋아하는 연예인이 누군지도 검색해보고, 그들이 좋아할 만한 영상까지 다운받았다. 또그 학교가 위치한 지역과 나의 연관성은 없는지, 과거에 그 지역을 여행했던 경험이라든지, 이 지역에 살고 있는 지인까지 다 끄집어내

어 그들이 가깝게 느낄 만한 공통점들을 모조리 찾기 시작했다. 그리고 내가 고등학생이었을 때 가졌던 생각, 경험들까지도 새록새록 떠올려보며 함께 공감할 이야깃거리를 찾았다.

그러니 쉽게 학생들과 거리감이 좁혀졌고, 반응도 뜨거웠다. 그렇게 준비한 강의는 대부분 성공이다. 무조건 공통점을 찾아 공감대를 형성하기! 상대와 마음의 다리를 놓는 첫 번째 비법이다.

상대와 공통점을 찾아 공감대를 형성하는 것을 터득했다면 이성 간의 만남에서도 활용해보자. 정말 마음에 드는 이성을 만나 그 사람을 내 사람으로 만들고 싶다면 빨리 공통점을 찾아 어필하자. '어머 이 사람, 나와 꽤 비슷한 면이 많네?' 하며 상대는 나에 대한 호감을 보일 것이다.

갑자기 20대 시절 선을 봤던 경험이 떠오른다. 훤칠한 키에 잘생긴 외모를 겸비한 전문직 남자였는데, 몇 마디의 대화를 주고받고 나서 그만 환상이 깨져버렸다.

분위기 좋은 레스토랑에서 밥을 먹었다.

"아! 지금 나오는 음악 진짜 별로네요?"

"헉."

난 엄청 좋아서 음미하고 있었는데…….

"저는 쉬는 날 그냥 집에 있는 거 좋아해요. 차분하게."

"아, 네……."

난 절대 집에 못 있는 성격인데…….

겨우 대화를 끝내고 커피를 마시러 갔다.

"아, 저 커피 싫어해요. 녹차 마실게요."

"아, 네⋯⋯."

난 커피 마니아인데⋯⋯.

그래서 훤칠한 키에 잘생긴 외모를 겸비한 전문직의 그 남자와는 첫 만남이 마지막 만남이 되었다. 나와 공통점이 전혀 없으니 크게 끌리지 않는 것이다. 그 이후 만나주지 않는다며 엄청 뒤끝을 보여주더니 정을 떨어뜨리기까지 했다. 그런데 그와 두 번째 만남을 가졌다면 아마도 공통점이 나왔을지도 모른다는 생각도 든다.

상대와 어울려 보조를 맞추는 첫 번째 기술 '상대와 공통점을 찾아 공감대를 형성하는 것', 지금 당신 앞의 사람과의 공통점을 찾아보는 것부터 시작해보자.

# 단숨에 공감대를 형성하는 비결

- 분석하라. 시간, 장소, 상황에 따라 '지금 내 앞의 사람이 공감할 소재는 무엇인가?'를 분석하라.
- 소재를 찾았다면 질문하라. 그리고 경청하라.
- 처음 소재가 효과가 없다면 다음 소재거리를 차례로 꺼내라. 날씨, 출신지, 취미, 종교 등…….
- 하나의 공통점을 찾아 이야기 물꼬가 터졌다면 성공! 이때 상대와 공통점을 찾는답시고 혹 자신도 모르게 내 이야기만 하고 있는 건 아닌지 점검해야 한다. 일단 무조건 많이 들어라!

예) 택시를 탈 때 내가 자주 하는 질문
눈이 많이 내린 날 : 눈 내리는 걸 소재로 이야기하기
"기사님, 날씨가 추워져 손님이 많을 것 같은데 어떠세요?"
점심시간 즈음 : 점심 식사 이야기
"기사님, 인플로우 식당 가주세요. 기사님은 점심 드셨어요?"

**03**

# 상대와 비슷한 행동으로 안심시켜라

40대 후반의 남자 고객을 상대로 일대일 코칭을 할 때였다. 그는 초면에 팔짱을 끼며 대화를 시작했고, 그 팔은 좀처럼 풀어질 기미가 보이지 않았다. 나는 슬며시 고객과 똑같이 팔짱을 끼고 대화를 이어나갔다. 조금 시간이 지나자 고객의 팔짱이 풀어지며 대화가 술술 잘 풀려나갔다.

대화가 끝나고 헤어질 무렵 고객이 물었다.

"처음에는 잘 몰랐는데, 굉장히 편안한 느낌이 들었어요."

나는 대답했다.

"팔짱을 끼고 이야기하시는 습관이 있는 것 같아서, 제가 똑같이 해드렸어요. 저도 팔짱을 끼고 이야기했잖아요."

"아, 그래서 그랬구나! 보통 사람들이 제게 매너 없다고 이야기를 많이 하는데……. 지금 생각해보니 팔짱을 끼고 계셔서 제가 무례하다는 생각을 전혀 안 하셨군요."

"……."

앞서 말했지만 사람은 누구나 자신과 비슷한 사람을 좋아한다. 상대에게서 자신과 비슷한 점을 발견하면 쉽게 무장해제가 되는 것이다. 안심하게 되고, 그래서 좋은 느낌을 갖게 된다. 그러면서 쉽게 친밀감 즉, 라포르를 형성한다. 이 고객과 나 역시 라포르가 잘 형성되어 함께 있다는 안도감, 신뢰감을 느끼게 되었다. 그리고 자연스럽게 마음속에서 우러나오는 말까지 나누게 된 것이다.

거듭 이야기하지만, 상대와 라포르를 쌓는 일은 대단히 중요하다. 라포르를 쌓기 위해서는 상대와 어울려 보조를 맞춰야 한다. 이처럼 상대와 마음의 다리를 놓는 두 번째 기술이 바로 상대와 비슷한 행동을 하는 것이다. 대화를 나눌 때 상대방과 자세, 몸짓, 표정 등을 비슷하게 따라 하는 것이다. 상대가 팔짱을 끼면 나도 팔짱을 끼고, 상대가 다리를 꼬면 나도 다리를 꼬면 된다.

마치 거울을 보듯이 상대방의 행동을 그대로 따라 하는 것, 이것을 미러링(Mirroring)이라고 한다. 이렇게 하면 상대는 나를 친근하게 느끼며 교감하게 된다. 처음에는 유치하고 겸연쩍을 수도 있겠는데, 행동을 맞추다 보면 상대방은 은연중에 '어? 나와 마음이 통하네'라고 느끼며 편하게 말을 하게 된다.

학창 시절 친구들을 떠올려보면 쉽게 이해할 수 있다. 모두 끼리끼리 친하다. 같은 선생님을 좋아한다는 이유로, 같은 연예인을 좋아한다는 이유로 함께 몰려다니며, 비슷한 옷을 입고, 비슷한 행동과 말을 하곤 했었다. 서로 간의 행동이 비슷하면 라포르가 잘 형성되고, 서로의 의견도 비슷해지는 것이다.

어린아이를 대할 때 아이의 걸음걸이나 눈높이에 맞추어 몸을 굽혀 대한다든지, 중학생 딸과 친해지기 위해 유행가를 함께 들으며 춤을 춘다든지, 엄마에게 또는 아내에게 용돈을 타기 위해 설거지를 한다든지, 알게 모르게 우리의 일상생활 속에서 일어나는 이러한 행동을 '보조 맞추기 기법'이라고 한다.

따라서 상대와 협상을 해야 한다면 먼저 라포르를 형성하기 위해 상호 공통점을 찾아 대화를 나눠보고, 동시에 상대방의 행동을 따라 해보라. 그러면 원하는 것을 더 쉽고 빠르게 얻을 수 있을 것이다.

상대가 취하고 있는 자세나 손발의 위치를 똑같이 하는 것부터 시작하면 된다. 상대가 컵을 들어 물을 마시면 함께 마셔보고, 상대가 테이블 위에 손을 올려놓으면 슬며시 당신도 해보라. 이것은 가장 간단하면서도 상대가 무의식적으로 받아들이기 쉬운 방법이다.

이때 중요한 포인트가 있는데, 너무 지나치게 노골적으로 따라 하면 오히려 해가 된다는 점이다. 자칫, 상대에게 불쾌감을 안겨줄 수도 있기 때문에 자연스럽게 상대에게 맞춰야 한다.

좀 더 익숙해지면 상대방의 행동을 그대로 하지 않아도 된다. 비슷하게만 맞춰주면 된다. 상대가 팔을 들면 손끝만 위로 움직이는 정도면 되는 것이다. 자연스럽게 리듬을 맞추는 것만으로도 상대의 행동을 완전히 똑같이 따라 해보는 것보다 훨씬 자연스럽게 라포르를 형성할 수 있다.

미러링 기법은 사업가나 정치가, 특히 각 나라 수장들의 외교 활동에 많이 활용된다. 몇 년 전, 미국 오바마 대통령이 후진타오 주석

과의 만찬에 앞서 머리를 검게 염색했었던 적이 있었다. 영부인도 중국에서 부를 상징하는 붉은색 드레스를 입었다. 이것이 바로 '보조 맞추기'인 것이다.

이때 행동뿐만 아니라 얼굴 표정도 똑같이 지어보자. 상대방이 이야기할 때 표정을 잘 살펴보고, 그 표정을 그대로 따라 하며 상대방의 기분이나 감정을 자신에게 그대로 이입시키는 것이다. 역시 자신과 똑같은 표정으로 경청하는 나의 모습을 본 상대는 내게서 편안함과 큰 신뢰감을 갖게 될 것이다.

자, 당신 앞의 상대에게 원하는 것이 있는가? 그럼 상대와 비슷한 행동을 취하라. 당신에게 마음의 문을 열기 시작할 것이다.

# 비슷한 행동으로 상대를 안심시키자!

- 대화를 나누며 자연스럽게 상대의 행동을 살펴본다.
- 얼굴 표정, 팔의 위치, 다리 위치 등 상대의 행동과 비슷한 동작을 취해본다.
- 상대가 다른 행동으로 바꾸면 자연스럽게 나도 바꾼다.
- 이때, 상대가 눈치채지 못하도록 자연스럽게 보조를 맞춘다.

**04**

# 상대의 목소리 주파수에 맞춰라

라포르를 형성하기 위해서는 상대에게 보조를 맞추어야 한다. 보조를 맞추는 방법으로 앞서 설명한 행동만 있는 것은 아니다. 목소리 역시 마찬가지다.

숭실대학교 연구팀에서 부부 30쌍을 대상으로, 부부 목소리와 부부 친화도의 관련성에 대해 연구했다. 그 결과 '부부 친화도가 높을수록 목소리 유사성이 크다'는 것이 밝혀졌다. 그러니까 '부부간의 금슬이 좋을수록 목소리가 비슷하다'는 것이다. 부부가 오래 살다 보면 얼굴이 닮아간다는 이야기도 있지 않은가. 또 사이가 좋지 않은 부부도 서로 이해하고 맞추기 위해 노력한다면 목소리도 비슷해져 목소리 친화도를 점차 높일 수 있다는 것 역시 이번 연구를 통해 확인되었다. 결론은 상대와 말하는 속도, 어조, 목소리 톤을 맞추다 보면 쉽게 라포르가 쌓인다는 것이다.

오래전 겪은 아주 불쾌한 일이 떠오른다. 누구나 흔히 경험해볼 만한 일상의 일이었다. 그 당시에는 소통 기술에 대해 나 또한 많이 부족했다.

휴대전화 고장으로 전화 상담을 신청했다. 구입한 지 얼마 되지 않았는데 집에서 도무지 통화가 되질 않았다. 당연히 교환해줄 것이라 생각했는데 그럴 수 없다는 전화 상담원의 답변을 들었다. 나는 다소 화난 상태에서 직접 AS센터를 방문했다. 곧장 달려갔기에 담당 직원을 마주한 내 목소리는 살짝 격양되어 있었다.

직원은 아주 차분한 표정과 목소리로 "고객님, 그건 저희가 해드릴 수 없습니다. 죄송합니다"라고 말하는 것이다. 그 이야기를 듣고 나는 더 화가 났다. 그래서 "아니 구입한 지 얼마 되지 않은 상태인데다가 집에서 통화가 원활하지 않는데, 교환을 해줄 수가 없다니요?"라며 목소리를 더 키웠다. 역시나 돌아오는 답변은 나와는 너무나 대조적인 차분한 톤이었다.

"고객님, 그건 저희가 해드릴 수 없습니다. 죄송합니다."

마치 반복되는 기계음을 듣는 것만 같았다.

도무지 내 이야기를 듣고 있지 않는다는 생각이 들었고, 나를 사람으로 보지 않는다는 느낌마저 들어 점점 더 화가 치밀었다. 답답한 마음에 한층 더 격양된 목소리로 이야기를 했다. 하지만 역시나 돌아온 답변은 "죄송합니다"였다. 말하는 직원의 표정 또한 전혀 변화가 없었고 그저 무덤덤한 표정이었다.

며칠 후 다행히 어느 정도 나의 의견이 수렴되었고, 보상을 받을 수 있었다. 하지만 그때 그 직원의 표정과 말투를 떠올리면 지금도

화가 날 정도다. 그 직원은 일방적으로 자신의 할 말만 나에게 했다. 아마도 고객 응대 매뉴얼대로 나를 대했을 것이다. 하지만 고객의 입장인 나는 제품에 대한 불만 의견을 어느 정도는 수렴했으면 하는 의도였는데, 직원은 내 말을 전혀 이해하려 들지 않는다는 느낌만 받게 된 것이다.

직원은 자신의 입장을 표명하거나 나를 설득하려 들기 전에 우선 나의 말을 들어줬어야 했다. 그런데 그 직원은 고객이 어떤 상태이든 오직 자신의 방향으로만 날 이끌려고 했던 것이다. 라포르가 형성되어 있지 않은 상태에서는 절대 상대의 말에 설득되지 않는다. 즉, 그 직원은 나와 충분히 라포르를 형성하고 나서 자신이 하고자 하는 이야기를 했어야 한다.

나의 호흡은 거칠었고, 다소 흥분된 상태였기 때문에 목소리 톤과 말의 속도는 굉장히 높고 빨랐다. 그때 그 직원이 나와 호흡을 함께하며 같이 톤을 높이고, 성량을 키워 나에게 보조를 맞췄더라면, 난 '아! 이 직원이 충분히 내 얘길 듣고 있구나!'라고 느꼈을 것이고, 그런 상태에서 내 마음은 조금씩 누그러졌을 것이다. 그런데 나와는 전혀 상반된 행동과 말을 하고 있었으니 나로서는 계속 화가 날 수밖에 없었다.

많은 사람이 자신의 말투와 어조는 크게 신경 쓰지 않는다. 그러나 조금만 더 관심을 기울이고 대화를 이어간다면 간단하게 상대와 라포르를 형성할 수 있다.

먼저 목소리의 성량을 맞추는 것이다. 상대가 작은 목소리로 말을 하고 있다면 나 역시 목소리 성량을 줄이는 것이다. 반대로 상대의 목소리가 크다면 나도 크게 보조를 맞춘다. 나는 목소리가 작은데 목소리가 큰 사람을 만나면 어떤가? 다소 무례하다는 기분을 가지게 되거나 '어, 나와 왠지 맞질 않네!'라는 느낌을 받는다. 반대로 나는 목소리가 큰데 상대가 너무 작다면 왠지 모를 답답함을 느끼게 된다.

말의 속도도 마찬가지다. 나는 말이 빠른데 상대가 말이 느리다면 시간이 아깝다는 생각이 들며 역시나 답답함을 느끼고, 계속 대화할 마음이 들지 않는다. 반대로 나는 말이 느린데 상대가 말을 빨리한다면 '나를 별로 배려하지 않는군'이라는 느낌을 받을 것이다.

이 기법은 고객을 응대해야 하는 서비스업에서 많이 활용된다. 앞서 말한 나의 경험처럼 컴플레인 고객을 응대할 때 효과적인 소통 기술로 활용할 수 있다. 또한 영업이나 협상 등 비즈니스뿐만 아니라 사랑하는 사람과 대화할 때도 유용하다.

사실, 처음에는 말의 내용을 들으랴, 성량을 따라 하랴 정신없을 수 있다. 하지만 자꾸 연습하다 보면 능숙해질 것이다. 내 앞의 사람을 내 사람으로 만드는 비법인데, 이 정도의 노력쯤이야 감수해야 하지 않을까?

앞으로는 상대의 어조, 목소리 톤, 말의 속도를 유심히 관찰해가며 보조를 맞춰보자. 이것은 간단하면서도 효과적인 소통 기법이므로 기억해두는 것이 좋다.

# 상대 목소리의 주파수 찾기

- 상대의 이야기를 유심히 듣고 알아채자.
- 상대의 목소리가 작으면 나도 작게, 상대의 목소리가 크면 나도 크게 이야기한다.
- 상대의 말 속도가 빠르면 나도 빠르게, 상대의 말 속도가 느리면 나도 느리게 한다.

# 05

# 되묻기로 안도감을 주라

우리는 상대방과 마음의 다리를 놓기 위해 서로의 공통점을 찾아내어 공감대를 형성하고, 상대의 행동과 목소리 주파수를 맞추며 이야기 나누는 것에 대해 알아봤다. 여기에 한 가지 더! 상대와 대화를 나눌 때 상대의 말을 되풀이하는 기술을 사용해보자. 이 대화 기술의 장점은 상대가 나를 향해 안도감을 느끼고, 마음의 문을 좀 더 열게 만든다는 것이다.

"오늘 차가 굉장히 많이 밀리네요, 휴!"하며 최 팀장이 출근한다. 이에 "늦으셨네요?"라고 말하는 이 대리, 반면 "그렇죠? 오늘 차가 엄청 밀리더라고요!" 하는 김 대리……. 당신이 최 팀장이라면 누구에게 모닝커피를 권하겠는가?

상대방의 말을 되풀이하면 상대는 '내 이야기를 잘 듣고 있구나' 하는 생각을 하게 되고 더불어 안도감과 동질감을 느낀다. '되묻기'

는 상대의 말을 조금만 주의 깊게 들으면 쉽게 할 수 있는 대화 기술
이다. 되묻기를 할 때 유의점은 상대의 이야기를 그대로 따라만 하
는 것이 아니라 상대방의 말 어미나 키워드를 강조해 따라 해야 한
다는 것이다.

위의 예에서 키워드는 차가 많이 밀린다는 것이다. 그것을 그대
로 "맞아요! 차가 많이 밀리더라고요" 혹은 "그래요? 차가 많이 밀
려요?"라고 되묻기를 해주면 상대는 자신의 메시지가 잘 전달되었
다는 만족감을 느낀다. 그리고 왠지 자기 이야기에 공감한다는 생각
에 안정감이 느껴지면서 쉽게 라포르가 쌓이고, 이어서 더 많은 이
야기를 풀어내게 된다. 아마도 라포르가 쌓인 후에는 화장실이든 사
무실이든 마주칠 때마다 평소보다 더 많은 눈인사를 하게 될 것이
다. 전보다 더 가까워진 느낌으로 말이다.

되묻기는 상대가 말한 핵심을 잘 포착하여 반복해서 이야기하는
기술인 만큼 전제되어야 할 것이 바로 주의 깊은 경청이다. 경청을
잘해야 상대의 이야기 핵심인 키워드를 포착할 수 있고, 말의 어미
등을 따라 할 수 있다. 그런데 이것은 생각보다 쉽지 않다.

얼마 전 키이라 나이틀리 주연의 영화 〈비긴 어게인〉을 인상 깊게
봤다. 그래서 지인에게 "비긴 어게인 보셨나요? 정말 재미있어요"
라고 말했다. 그런데 "난 키이라 나이틀리 안 좋아해요"라는 답변이
돌아왔다.

"아, 그래요."

순간 뭔가 단절된 느낌이 들었고, 살짝 그분과 거리감이 느껴지
기까지 했다.

이렇게 나와 공감대가 형성되기 어려운 이야기일 경우, 어떻게 되묻기를 해야 할까? 간단하다. 그냥 상대의 키워드를 내 입으로 다시 정리만 해주면 된다.

"아! 비긴 어게인, 다들 재미있다고 하던데 그렇게 재밌나요?"

이것이면 충분하다. 여기서 좀 더 발전된 대화법을 구사한다면 "아! 저는 키이라 나이틀리를 그리 좋아하진 않는데, 인호 씨가 재밌게 봤다고 하니까 저도 보고 싶어지네요"라고 말하면 금상첨화다. 이렇게 이야기를 받아주면 나는 더 신나서 이야기를 할 것이고, 상대와 단절된 느낌은 절대 들지 않았을 것이다.

나아가 '어머, 자기가 좋아하는 배우도 아닌데, 내 이야기를 참 주의 깊게 들어주네. 참 배려심이 있는 분이구나!'라는 느낌이 들었을 것이다. 그리고 이 감정은 상대에 대한 신뢰감으로까지 확장되었을 것이다.

물론 되묻기의 대화 기술에도 주의할 사항이 있다. 최근 인터넷에서 끝말잇기의 잘못된 사례를 보았다.

A : 영화표가 생겼는데 주말에 영화나 볼래요?

B : 저, 주말에 약속 있는데…….

A : 있는데?

B : 그래서 영화 못 볼 것 같아요!

A : 같아요?

B : 왜 화내세요? 무서워요.

A : 무서워요?

B : 죄송해요.

A : 죄송해요?

다소 과장되긴 했으나 되새겨봄 직하다. 되묻기를 할 때는 상대와 리듬을 타듯이 보조를 맞춰줘야 한다. 이때 상대의 말을 충분히 공감한다는 표정과 보디랭귀지를 병행해야 한다. 그래야 상대가 자기 말을 잘 들어주고 있다고 느낄 것이다. 무미건조하게 말의 어절만 단순하게 따라 해준다면 상대는 크게 공감하고 있다는 느낌을 받지 못할 것이다.

# 되묻기의 대화 기술 배우기

• 상대의 말을 주의 깊게 듣는다.
• 상대방의 말 어미나 키워드를 따라 해 묻는다.

예 1)
"나 오늘 몸 상태가 별로야."
"오늘 몸 상태가 별로야? 어디 아픈 거야?"

예 2)
"오늘 날씨 참 좋네요."
"와, 정말 오늘 날씨 좋네요. 어디론가 떠나고 싶어요."

예 3)
"어제 가족들과 샐러드 바에 갔어요."
"샐러드 바 가셨어요? 와, 좋았겠다. 가족들과 좋은 시간 가지셨네요."

# 눈치코치로 상대의 진심을 알아채라

상대의 속마음을 알 수 있다면 얼마나 좋을까? 우리의 이런 간절함이 영화로 제작됐었다. 2002년에 개봉한 멜 깁슨 주연의 〈왓 위민 원트〉다. 이 영화는 남자 주인공에게 여자들의 속마음이 다 들리는 로맨틱 코미디 영화다. 보는 내내 '오! 내게도 저런 능력이 있다면 얼마나 좋을까?' 하는 부러움에 대리 만족까지 느끼며 정말 즐겁게 봤던 영화다. 하지만 현실은 어떤가? 아쉽게도 우리는 상대의 속마음을 들을 수 없다.

소개팅 자리에서는 분명 화기애애한 대화를 나눴는데 애프터 신청이 없는 남자, 협상 자리에서 도통 속을 알 수 없는 침묵을 유지한 채 눈동자만 굴리는 거래처 사람……. 제발 그 속마음을 알 수 있다면 속 시원할 텐데, 그럴 수 없기에 얼마나 답답한가!

미팅이 끝나고 우리는 주변 사람들에게 묻는다.

"그 사람이 분명 이렇게 말했거든? 그거 오케이 아니야?"

"그렇지!"

"그런데 왜 애프터가 없을까?"

여기서 흔히들 쉽게 놓치는 것이 있다. 우리가 주고받는 대화에는 두 가지가 있다는 점이다. 하나는 말의 언어이고, 또 하나는 호흡, 표정, 음조, 몸짓 등의 비언어이다. 여기에서 중요한 사실은 미국의 심리학자 앨버트 메라비언이 밝혔듯, 비언어가 사람들 간의 대화에서 무려 90퍼센트가 넘는 비중을 차지하고 있다는 점이다.

지금 내 앞에 앉은 사람이 아무런 이야기도 하지 않고 계속 인상만 찌푸리고 있다. 당신은 어떤 생각과 감정이 드는가?

'기분 나쁜 일 있나? 나한테 화났나?'

이런 생각이 들면서 언짢아질 것이다. 어떠한 말도 하지 않았는데 우리는 상대의 표정만으로도 메시지를 전달받는다. 상대의 표정, 몸짓, 호흡 등을 통해 그 사람의 상태를 파악할 수 있게 되는 것이다. 좀 더 주의 깊은 관찰을 통해 이러한 비언어를 잘 포착해낸다면 상대와 더 풍성한 대화를 즐길 수 있다.

"소통에서 가장 중요한 것은 상대방이 입으로 말하지 않은 것을 듣는 것이다."

미국의 경영학자 피터 드러커의 이 말처럼 소통에는 언제나 언어 이상의 것이 상대에게 전달된다.

심리학에서는 상대의 몸짓 언어를 읽어내는 능력을 '캘리브레이션(Calibration)'이라고 한다. 의사소통을 잘하는 사람들은 민감하게 상대의 몸짓 언어를 읽는다. 상대의 목소리, 얼굴빛, 표정, 호흡, 몸짓 등을 유심히 관찰해 상대의 메시지를 읽어낸다. 그야말로 눈치코치가 있는 사람들이다.

자, 지금 내 앞에 앉은 사람이 얼굴은 빨갛게 되고 호흡은 거칠며 언성이 자꾸 높아진다. 그 사람의 말의 내용과 상황을 안다면 더 정확하게 파악할 수 있겠지만, 어쨌든 이와 같은 비언어는 대개 화가 머리끝까지 난 상태라는 것을 짐작할 수 있게 해준다. 반대로 동공이 확대되어 있고, 입 꼬리는 위로 올라가 있으며 어조가 살짝 들떠 있다면 어떤가? 누가 봐도 그 사람은 지금 매우 기뻐하는 상태임을 알 수 있을 것이다.

이렇게 상대방의 표정, 몸짓, 호흡 등을 통해 그 사람의 상태를 파악하려고 노력해보자. 앞서 묘사된 정도의 비언어 수준은 금방 우리가 알 수 있지만, 인간관계를 더 풍성하게 만들기 위해서는 이보다 더 세밀한 표정까지도 잘 포착해낼 수 있어야 한다.

몇 년 전 TV에서 겜블러 이태혁의 심리전을 다룬 프로그램을 본 적이 있다. 마술사와 함께 고도의 심리 게임을 펼쳐 당시 장안의 화제가 되었다. 도구를 사용하는 마술사와는 달리 온전히 상대의 표정과 보디랭귀지만으로 심리를 읽어 게임에서 이기는 그를 보고 소름이 돋았다.

그는 이와 관련하여 여러 권의 책을 썼을 만큼 캘리브레이션의 전문가라고 할 수 있다. 그는 사람의 심리를 파악할 때 눈의 표정뿐만 아니라 입 주변이나 코 주변 등 얼굴의 미세한 근육의 움직임까지 매우 유심히 관찰한다. 그리고 그것을 보고 상대가 거짓말을 하는지 여부를 판별해낸다.

말은 우리가 얼마든지 거짓으로 포장해낼 수 있지만 미세한 얼굴 표정까지는 숨길 수 없다. 그만큼 우리의 표정과 비언어는 진실에 가까운 메시지를 전달하는 것이다. 그러니 상대의 말에도 귀를 기울여야 하지만 그와 동시에 비언어를 잘 관찰하고 포착해내는 능력이 필요하다.

'아! 어렵다'라고 포기하지 말자. 이태혁만큼은 되기 힘들더라도 조금만 관심을 갖고 노력하면 우리도 어느 정도까지는 할 수 있다. 다행히 캘리브레이션은 훈련을 통해 충분히 얻을 수 있다.

세계적인 표정 전문가 폴 에크만에 따르면, 인간이 감정을 통해 드러내는 표정들은 정형화되어 있다고 한다. 국적이나 인종에 상관없이 같은 감정에서는 동일한 얼굴 표정을 짓는다는 것이다. 그러니 꾸준히 상대방의 표정을 관찰하는 훈련을 한다면 상대의 진심을 알

### <얼굴 움직임 해독법>

| 감정 | 분노 | 기쁨 | 슬픔 |
|------|------|------|------|
| 얼굴 윗부분 | 안쪽 눈썹이 내려가고 몰림. | 나타나지 않음. | 안쪽 눈썹이 올라감. |
| 얼굴 중간 | 눈꺼풀이 팽팽해짐. 눈이 튀어나옴. | 볼이 올라감. 눈 주위에 주름 형성. | 위쪽 눈꺼풀이 올라감. |
| 얼굴 아랫부분 | 콧구멍이 넓어짐. | 입 꼬리가 위로 올라감. | 입 꼬리 내려감. |

출처 : 캘리포니아대학교 심리학과 폴 에크만 명예교수의 '얼굴 움직임 해독법'(1978)

아차릴 수 있을 것이다. 폴 에크만의 얼굴 움직임 해독법으로, 직접 거울을 보며 자신의 표정도 연습해보자.

　여자 친구가 "전화하지 마!"라고 해서 진짜로 전화를 하지 않아 황당하게 헤어지게 되는 어처구니없는 상황을 겪고 싶지 않다면, 상대의 몸짓과 표정 언어에 주목하자!

## 간단한 비언어 메시지의 종류

• 상대가 보여주는 긍정적인 비언어 메시지
  - 미소를 짓는다.
  - 눈을 잘 마주친다.
  - 터치를 자주 한다.
  - 고개를 끄덕인다.
  - 팔을 벌린다.
  - 몸을 앞으로 숙인다.

• 상대가 보여주는 부정적인 비언어 메시지
  - 눈을 잘 마주치지 않는다.
  - 찡그린 표정을 짓는다.
  - 대꾸가 없다.
  - 멀리 떨어진다.
  - 휴대전화만 들여다본다.

# 상대의 감정을 읽어라

상대와 보조를 맞추는 기법의 마지막이라 할 수 있는 공감 기술을 소개한다. 앞에서 소개한 되묻기 기술과 세트로 활용하면 금상첨화이다. 차가 밀려 지각한 최 팀장의 대화를 다시 상기해보자.

"오늘 차가 굉장히 많이 밀리네요? 휴!" 하며 최 팀장이 출근한다. "그렇죠? 오늘 차가 엄청 밀리더라고요!"라고 말하는 김 대리에게 우리는 모닝커피를 쐈다. 여기에 김 대리가 한마디를 더 붙이면 아마 점심까지 함께하지 않았을까?

"그렇죠? 오늘 차가 엄청 밀리더라고요? 어휴, 힘드셨죠?"

그렇지 않아도 지각까지 해서 마음이 불편한 최 팀장이다. 그런데 차가 엄청 밀렸다며 함께 동조해준 김 대리가 얼마나 고마웠을까? 게다가 "어휴, 힘드셨죠?"라며 자신의 불편한 심경까지 읽어줬으니, 이렇게 예쁠 수가! 아마도 김 대리는 이날 이후로 최 팀장의 사랑과 애정을 듬뿍 받지 않을까 싶다.

이렇게 되묻기 기술에 상대방이 느끼는 감정을 읽어서 이야기해 주면 소통의 최고봉 기술인 공감 기술이 된다. 이것을 공식으로 써보면 다음과 같다.

공감 기술 = 되묻기 + 상대가 느끼는 감정

어떤가? 그리 어려워 보이지 않는다. 그렇다고 절대 만만하지도 않다.

SNS(Social Networking Service)라는 사이버 소통 공간이 보편화되면서 서로 마주앉아 얼굴을 보며, 눈을 쳐다보며, 이야기하는 시간이 점차 줄어들고 있다. 그러다 보니 상대의 비언어를 읽을 수가 없고, 그래서 상대가 느끼는 감정을 쉽게 포착해내기가 어렵다. 그러니 더더욱 관심을 갖고 노력해야 한다.

지금 우리는 왜 상대와 마음의 다리를 놓는 기술을 배우려고 하는가? 단순히 상대에게서 원하는 것을 얻기 위해? 상대의 마음을 얻기 위해? 아니다. 깊이 들어가보면 함께하기 위해서다.

우리 사회는 더불어 함께하는 사회다. 나 혼자서는 살아갈 수 없다. 함께 어울려 살아야 행복한 세상이다. 그렇기 때문에 우리는 어떻게 하면 사람과의 관계를 행복하게 맺을 수 있는지를 배우는 것이다. 그리고 서로 행복해지기 위해 소통 기술을 배우는 것이다. 그러니 상대에게 관심을 기울여 애정을 갖고, 보조를 맞추는 유연성을 가질 필요가 있다. 서로에게 마음의 다리를 놓는다는 본질을 잊지 말고, 상대에게 관심을 가져보자.

상대의 말을 경청하고, 상대의 말에 담긴 키워드를 정리해 이야기한 다음 상대가 느끼는 감정까지 헤아려 말하는 것이 바로 공감 기술이다. 이것은 상대에게 애정이 있어야만 가능하다. 상대가 느끼는 감정을 헤아리기 위해서는 '내가 저 사람이라면……'이라는 역지사지(易地思之)의 정신을 발휘할 줄 알아야 한다. 내 입장이 아니라 온전히 상대의 입장이 되어 생각해보고 느끼는 것이다.

"아! 힘들었겠구나!"

"아! 기쁘겠구나!"

이 짧은 한마디를 하기 위해서는 역시 훈련이 필요하다. 훈련 방법은 두 가지다.

첫 번째는 나의 감정을 읽고 표현해보는 것이다.

내 감정부터 살펴보고, 읽을 줄 알아야 타인의 감정을 헤아릴 수가 있다. 나의 감정을 분명히 파악하기 위해서는 감정의 종류에 대해 알아야 한다. 우리는 스스로의 감정이 구체적으로 어떤 감정인지 모른 채 그냥 뭉뚱그려 표현하는 데 익숙해 있다.

다음 표 〈감정단어〉를 보고 지금 나의 감정을 표현해보자. 그리고 다양한 감정 단어를 기억해두자.

두 번째는 상대의 감정을 읽어보는 것이다.

'이런 경우 상대가 이런 감정이었겠구나!' 하며 상대의 입장이 되어본다. 나를 상대에게 감정 이입시키는 것이다. 그리고 상대의 표정이나 호흡, 어조, 자세 등을 모두 읽어보며 '그 사람이 이런 감정 상태구나!'를 알아차려야 "아, 당신은 지금 굉장히 힘들군요?"라는

## \<감정단어\>

| 희(기쁨) | 감격스러운, 반가운, 벅찬, 행복한, 만족스러운, 뭉클한, 감동적인, 감사한, 기쁜, 날아갈 듯한, 흐뭇한, 좋은, 고무적인, 고마운, 뿌듯한, 살맛이 나는, 짜릿한, 환상적인…… |
|---|---|
| 노(노여움) | 분노의, 불만스러운, 속상한, 나쁜, 꼴사나운, 무서운, 불쾌한, 쓰라린, 실망스러운, 기분 상하는, 괘씸한, 씁쓸한, 쓰라린, 모욕적인, 섬뜩한, 소름 끼치는, 숨 막히는, 골치 아픈…… |
| 애(슬픔) | 기분 나쁜, 서글픈, 절망적인, 좌절하는, 참담한, 측은한, 가슴 아픈, 걱정되는, 낙담한, 마음이 무거운, 비참한, 미어지는, 뭉클한, 침통한, 공허한, 괴로운, 고민스러운…… |
| 락(즐거움) | 즐거운, 쾌활한, 활기찬, 밝은, 상큼한, 신나는, 유쾌한, 활발한, 흥분된, 희망찬, 가벼운, 경쾌한, 편안한, 기분 좋은…… |

공감 언어가 나오게 된다.

상대의 감정을 읽어줄 때도 위의 표를 참조해 표현해보자. 다양한 감정의 단어로 상대의 감정을 읽어줬을 때 상대는 위로받는 기분이 들 것이다. 또한 자신도 미처 몰랐던 감정을 객관적으로 인식하게 되어 고마운 마음까지 가질 것이다.

이 공감 기술은 어떠한 상황에서든 활용할 수 있다. 이성 간의 만남에서, 비즈니스 협상에서, 가족 간의 대화에서도 공감 기술을 활용한다면 분명 당신은 지금보다 더 나은 생활을 할 수 있을 것이다. 열심히 연습해서 당장 만나는 사람과의 대화에서 활용하자.

공감 기술 배우기

- 상대의 말을 주의 깊게 듣는다.
- 상대방 말의 어미나 키워드를 따라 해 묻는다.
- 덧붙여 상대가 느꼈을 감정을 읽어준다.

예 1)

"오늘 하루 종일 너무 바빴어요."

"너무 바빴어요? 많이 피곤하겠다."

예 2)

"기획안 마감이 내일인데, 어떡하죠? 진전이 없어요!

"내일이 기획안 마감이에요? 어떡해요, 걱정되겠어요. 제가 뭐 도울
일 있을까요?

예 3)

"어제 여자 친구와 싸웠는데 하루 종일 연락이 안 돼요."

"하루 종일 연락이 안 돼요? 아휴, 속상하겠어요."

## 08

# 핵심을 한 문장으로 표현하라

바쁘니까 빨리 용건만 말했으면 좋겠는데 아직 본론도 들어가지 않았을 때의 답답함! 상대방의 길고 긴 이야기를 끝까지 들었는데, 도대체 무슨 내용인지 감도 잡지 못할 때의 당황스러움! 누구나 한 번쯤 겪어보았을 것이다.

이럴 때 상대방이 무척 답답하고 둔해 보이기까지 한다. 요즘 시대에 갖춰야 할 필수 역량인 신뢰감과 순발력, 더 나아가 창의력까지 부족해 보인다.

말 잘하는 사람들은 길게 설명하지 않는다. 자신이 전달하고자 하는 핵심 메시지를 간결하게 말하는 것이 공통점이다. 거기에 강렬함까지 더해져 금상첨화로 말 잘하는 사람들도 더러 있다.

간결하고 강렬할 말일수록 사람들은 귀를 기울인다. 그러니 말을 잘하고 싶다면 간결하고 강렬하게, 그다음 핵심 메시지의 구체적 사례를 더해 이야기하면 된다. 마무리 역시 다시 핵심 메시지로, 깔끔하게 처리한다.

나는 엠시이자 개그맨인 신동엽을 좋아한다. 그의 능청스런 말도 재미있지만 KBS의 〈불후의 명곡〉 같은 프로그램을 진행할 때 돋보이는 그의 간결하면서도 강력한 멘트는 압권이다.

"파격, 열정, 그리고 카리스마. 활동한 지 어언 육십삼 년이 됐습니다. 대단하지 않습니까? 무대 위의 슈퍼스타! 전설의 디바!"

짧은 문장 안에 가수 윤복희를 상징하는 단어가 모두 들어 있다.

"이분은 노래를 듣다가도 울고, 노래를 부르다가도 눈물을 흘리고, 오늘도 우리의 마음을 울려줄 거라고 합니다."

출연자와 관객 모두가 고개를 갸웃거리자, 신동엽은 가수 조성모의 이름을 크게 외쳤다. 순간, 모두의 얼굴에서 웃음이 터져나왔다.

물론 방송작가의 원고가 바탕이겠지만, 엠시 신동엽은 가수를 소개할 때마다 '누굴까?' 하는 긴장감과 궁금증을 주고, 여기에 장난기 섞인 재치로 웃음을 유도한다. 객석에 앉아 있는 관객은 물론 시청자들도 '누구지?' 하는 생각이 들도록 만든다.

이렇듯 핵심만 딱 끄집어내 깔끔하게 말하는 기술은 소통에서 굉장히 중요하다. 특히나 바쁜 비즈니스 미팅에서는 더더욱 그렇다. 구구절절, 중언부언이라도 하게 된다면 그 계약은 성사되기 어렵다. 신뢰감을 안겨주지 못했으니 말이다. 반드시 핵심이 무엇인지 명확하게 상대에게 전달되어야 한다!

회의할 때도 마찬가지다. 주어진 시간에 효율적으로 회의하기 위해서는 자신의 생각을 명료하게 표현할 줄 알아야 한다.

"우리에게 가장 중요한 건 현재 마케팅인데, 어떤 방법이 있을까요?"

"네, 그렇죠. 그러니까 마케팅이라는 것이 사실 중요하더라고요. 저도 예전에 이런 일이 있었는데……."

이런 식의 구구절절, 동문서답, 중언부언은 지루할 뿐이다.

또한 질문에 대한 답변은 언제 하려는지, 들어도 들어도 답변이 나오지 않으면 견딜 수 없는 답답함을 느끼게 된다. 더군다나 이런 경우는 대부분 말을 하는 본인도 그 핵심을 모를 때가 많다. 질문을 했는데 동문서답을 한다든지, 아니면 한참을 이야기하더니 "아! 죄송한데요. 질문이 뭐였죠?"라고 오히려 되묻기도 한다.

자, 그럼 당신은 어떤지 진단해보자! 오늘 하루 어땠는지 한 문장으로 표현해보자. 만일 한 문장으로 잘 표현이 되었다면, 당신은 훌륭한 스피커일 가능성이 크다. 잘되지 않았다면? 지금부터 연습하면 된다!

"오늘 하루 어땠나요?"라는 질문에 "음, 오전에 미팅이 있었고, 점심 먹은 다음에 다시 사무실로 들어가서⋯⋯" 하는 식으로 대답했다면 당신은 30점이다. "오늘 하루 즐거웠어요"라고 대답했다면 50점이다. 간결하지만 강렬하진 않기 때문이다.

"오늘은 내 생애 잊지 못할 하루였어요!"

이렇게 대답했다면 간결하지만 살짝 진부하다. 물론 70점은 줄 수 있는 정도다.

"구월 삼 일. 오늘은 꼭 일기를 써서 기록에 남기고픈 날입니다."

간결하고 강렬하다. 90점 줄 수 있겠다. 10점은? 당신의 몫으로 남기겠다.


말을 할 때도 나무를 보지 말고, 숲을 보자! 나무는 나중에 보자! 길든 짧든 내가 이야기하고자 하는 전체적인 숲을 순식간에 그릴 수 있어야 한다. 그리고 그 숲 안에서 중요한 나무 몇 그루만 이야기하면 된다. 숲을 보지 않고 나무를 보게 되면, 이 나무 저 나무 나열만 하다가 숲에서 헤맬 수가 있다. 그러니 듣는 이는 어떻겠는가? 저 높은 구름 위에서 한눈에 보이는 숲을 그리듯, 내가 이야기하고자 하는 전체 틀을 먼저 그린 다음 입을 열자. 구구절절 설명하기 전에 그것을 딱 한 문장으로 표현하기! 지금 당장 이것을 생활화하자.

**09**

# 욕설에도 긍정적 의도가 숨어 있다

가끔 이해할 수 없는 사람들과 조우하게 된다.

'이런 상황에서 왜 이런 이야기를 하지?'

'저 행동은 대체 뭘 뜻하는 거야?'

이 사람들의 말이나 행동에 피가 거꾸로 솟거나, 오래도록 마음에 상처로 남는 경험, 누구나 있을 것이다.

내 안에서 이해되지 않은 그 사람! 그 사람을 "다시는 안 볼 테야!" 하며 마음의 빗장을 걸어버린다면 이런 문제를 고민할 필요가 없겠다. 하지만, 그 사람과의 관계를 계속적으로 이어나가야 한다면, 머리를 쥐어짜고 가슴을 쥐어뜯으며 고민해봐야 한다.

이런 상황이 오면 어떻게 해야 할까? 스트레스를 받지 않으면서 해결할 방법은 있을까? 공격적인 언행이나 욕설이 내 앞에 날아와도 버틸 방법이 있을까? 물론 있다. 그 사람의 날선 말이나 행동 그

이면에는 분명히 긍정적인 의도가 있는데, 그것을 알아채는 것이다. 신경언어학에는 '사람은 누구나 말과 행동을 표현할 때 긍정적 의도를 갖고 있다'라는 전제가 있다. 즉, 지금 상대의 표현 이면에 숨은 긍정적 의도를 얼마나 빨리 찾아내느냐가 해결의 열쇠다.

악하게 태어난 사람은 없다. 설령 타인의 눈에 비친 아무런 의미 없는 말과 행동도, 자기 파괴적이거나 비합리적인 행동으로 보이는 것에도, 사실 그 안에는 늘 '긍정적인 의도'가 숨어 있는 것이다. 우리는 그 숨어 있는 긍정적 의도를 파악하면 된다. 그렇게 되면 그 사람을 이해하는 데 한 걸음 더 다가갈 수 있다.

이 '긍정적 의도'라는 것은 자기 보호, 관심과 애정, 상대에게 인정받고 싶은 심리 등인데, 우리에게는 매사 이 긍정적 의도를 충족시키기 위해 노력하려는 본능이 있다. 설령 우리에게 스트레스를 주는 그 사람에게도, 욕하는 사람에게도 그 내면에는 긍정적 의도가 숨어 있다는 것을 깨닫는 순간, 우리의 분노는 잦아들게 마련이다.


대학 시절, 유난히 말을 쉽게 내뱉는 친구가 있었다. 그는 여러 명의 친구들이 함께 어울려 있을 때면 누군가를 콕 짚어 그 친구에게 상처가 되는 말을 내뱉곤 했다. 나도 그 친구에게 여러 번 마음의 상처를 받았다.

어느 날 강의실 문을 열고 들어서는 순간, 나를 발견한 그 친구가 큰소리로 "우와! 최인호? 너 옷 색깔이 그게 뭐냐? 엄마 옷 입고 왔니?"라고 외쳤다.

순간 그 강의실에 있던 모든 학생이 나를 보고 웃었고, 나는 너무

나 당황스럽고 부끄러워 얼굴이 새빨갛게 달아올랐다. 그 앞에서 뭐라 대꾸할 수도 없었던 나는 그저 부글부글 끓어오르는 내 마음을 진정시키기에만 온 신경을 집중했다.

하지만 수업이 끝나고 나서 아무 일도 없었다는 듯 내 어깨를 툭 치며, "인호야, 밥 먹으러 가자"라고 말하는 친구. 그가 나를 정말 싫어해서 그런 게 아니라는 건 느낄 수 있었다. 그 친구는 이후로도 몇 차례 나를 비롯한 친구들을 공개 망신시키고, 마음을 다치게 했지만, 우리는 누구도 그 친구의 말을 문제 삼지 않았다.

서로 나이를 먹고 많은 시간이 흘러서야, 그때 그 친구의 행동을 이해하게 됐다. 그 친구는 많은 사람에게 주목받고 싶었고, 많은 사람의 사랑과 애정을 받길 원했다. 그 수단이 친구의 작은 자존심을 건드려 자신을 돋보이게 하는 것이었을 뿐이다. 그의 관심을 받고 싶어 하는 '긍정적 의도'가 그 같은 행동과 발언으로 드러난 것이다.

이처럼 말하고자 하는 이의 진심이 마음속 깊은 곳에 숨어 있어서, 실제로 그 상황을 받아들여야 하는 사람은 오해를 하는 경우가 많다. 하지만 상대방의 숨은 '긍정적 의도'를 파악하지 못했기에 생긴 오해는 진심만 잘 전달된다면 쉽게 풀 수 있다.

얼마 전 지인을 통해 한 기업인을 소개받았다. 나는 그에게 좀 더 효율적인 강의를 진행했으면 좋겠다는 의도를 전달하고 싶었다. 미팅 시간과 장소를 정하는 통화에서 내가 하고자 하는 말은 아직 머릿속에 구상 중이며, 기획서 작성 역시 아직 준비 중이라는 사실을 조심스럽게 말했다. 그래서 그와의 만남이 문제될 건 없으리라 생각했다.

드디어 약속을 한 날! 칼 같이 시간에 맞춰 사무실로 들어갔는데, 그는 나의 정중한 인사도 제대로 받지 않은 채 의자에 앉아 있는 게 아닌가? 통성명을 하고, 명함을 주고받고, '목소리만큼 미인이시네요?' 혹은 '차가 많이 밀리진 않았어요?' 등의 예의상 멘트도 없이 펜과 노트를 꺼내더니 바로 본론부터 들어가는 게 아닌가?

첫마디는 "무슨 일로 나를 찾아왔는지 말씀해보세요?"였다. 내 시나리오에서 빗나간 첫마디에 살짝 당황스럽기는 했지만, 나는 최선을 다해 내가 구상하고 있는 아이디어를 반짝반짝 빛나게 열심히 설명했다.

그는 내 아이디어를 다 듣고 난 후 펜을 탁자 위에 탁 내려놓더니 이렇게 말했다.

"내가 이 황금 같은 시간을 쪼개 당신과 미팅 시간을 잡고, 페이퍼도 없는 기획안을 다 들었는데, 이 아이디어는 우리 같은 큰 업체가 아니라 소규모의 업체가 맡아도 되는 일이라고 봅니다."

그리고 한숨을 내쉬었다.

"내가 요즘 오피니언 리더들의 조찬 모임에 나가면 거기 누가 앉아 있는지 아세요? 방송에서나 볼 수 있는 사람들을 만나요. 우리나라 열 손가락 안에 드는 대기업 담당자들이 날 만나려고 줄을 서 있다고요. 그것도 간부들이 말이죠. 그런데…… 휴!"

순간 나는 나 자신에 대한 부끄러움보다는 망치로 머리를 한 대 얻어맞은 듯 정신이 바짝 들었다. 그때까지 앞으로 바짝 당겨 경청하며 이야기했던 나는 뒤로 물러나 그와 똑같은 자세로 고쳐 앉았다. 그러고는 그 사람을 유심히 보았다.

그는 최근 1~2년 내에 눈부신 성장을 이뤄내 업계에서 주목받는 회사의 대표였다. 그는 젊은 나이에 그야말로 눈부신 활약으로 자신이 생각하는 정상에 있었다. 그의 시선을 따라가봤더니 벽에는 각종 상장이 걸려 있었다. 여기저기서 받은 멘토 위임장, 무슨 무슨 위원장 등등⋯⋯. 즐비한 상패들은 '나는 대단한 사람입니다'라고 말하는 그의 증거물들이었다.

그가 말을 하는 동안 나는 그 사람의 눈빛, 말투, 자세를 관찰하며 그의 내면의 메시지를 읽어 내려갔다. 그리고 나는 곧 그는 많은 이에게 인정받고 싶어 하는 욕구가 강한 사람임을 알게 되었다. 그를 다시 한 번 들여다보지 않았다면 나는 그를 '자기 과시가 너무 심하군!' 혹은 '허영심이 넘쳐나는 사람이네'라고 교만이 넘쳐나는 사람으로 내몰 뻔했다. 처음 본 나에게 무례할 정도의 매너와 말을 던진 그 이면의 긍정적 의도를 들여다보니, 타인에게 인정받고 싶어 하는 그의 본모습이 보이기 시작한 것이다.

그의 '긍정적 의도'를 알아차린 후, 나는 그의 말에 웃으면서 대응했고, 눈치채지 않을 만큼의 맞장구를 쳐가며 대화를 이어나갔다. 그랬더니 뜻밖의 결실을 얻게 됐다. 그는 처음과 달리 다소 부드러운 표정과 말투로 차선책을 제시했고, 서로 웃으면서 작별 인사까지 나누고 다음 만남을 기약했다. 그의 사무실을 나오면서 썩 유쾌하진 않았다. 하지만 나는 값비싼 교훈 하나를 얻을 수 있었다. '성공은 많은 사람으로부터 인정받기 위함이 아니다!'라는 사실을⋯⋯.

아마도 내가 '긍정적 의도'를 눈치채지 못했다면, 나는 그의 매너와 말투에 화가 부글부글 끓었을 것이다. 얼굴이 벌게지며 분노까지 치밀었을지도 모른다. 어쩌면 내 감정을 주체하지 못해 그 자리를 박차고 나왔을 수도 있었다. 하지만 상대의 '긍정적 의도'를 알아냈기에 표면적인 메시지가 아닌 그 사람 내면의 메시지를 읽어냈고, 그것에 집중해서 대화를 잘 마무리할 수 있었다.

마음속 깊은 곳에 자리한 긍정적인 의도! 사람의 깊은 내면에 자리하고 있는 이 '긍정적 의도'는 반드시 수면 위로 올라와 그 사람의 말과 행동을 지배한다. 그렇기에 수면 위에 떠오른 말과 행동이 아닌 그 사람 내면의 언어를 읽어야 한다. 이 진리를 모르면 결국 상대가 쉽게 내뱉은 말에 더 쉽게 상처만 받을 것이다. 모든 문제의 행동이나 싫은 증상에도 긍정적인 의도는 무의식 속에 반드시 숨어 있다. 쉽게 말해 폭력이나 욕설 따위에도 그 사람만의 긍정적 의도가 있다는 것이다.

타인이 나를 쉽게 볼까 봐 일부러 거칠게 말하는 사람들, 좋아하면서도 상처받을까 봐 먼저 밀어내는 사람들, 상대를 이해하고 배려하지 못한 채 상처만 주고받는 사람들……. 이런 사람들로 인해 상처받은 이들에게 이런 말을 해주고 싶다. 상대의 내면 깊숙한 곳에 꽁꽁 숨어 있는 '긍정적 의도'가 무엇인지 찾으라고!

자, 내게 상처만 입히려 드는 사람이 있는가? 그 사람의 '긍정적 의도'를 살펴보라. 그럼 그의 행동을 이해할 수 있을 것이다.

# 긍정적 의도는 다각도로 접근하면 보인다

- 모든 행동의 이면에는 언제나 긍정적 의도가 있다고 보고 상대가 '왜 저런 행동을 할까?'를 생각해본다. 상대가 그런 말과 행동을 해서 얻고자 하는 것이 무엇인지를 파악한다.
- 상대가 이야기하는 언어를 잘 들어라. 그 언어들 속에서 여러 번 반복되고 있는 키워드를 찾아라. 그것이 그 사람의 가치관일 가능성이 높다.
- 상대가 이야기할 때 표정, 태도, 어조 등 비언어 메시지를 파악하라. 말의 내용과 상반되는 비언어 표현(몸짓, 손짓, 표정)이 보인다면, 그 비언어 메시지가 그 사람의 의도일 가능성이 농후하다.

# 10

# 역지사지의 기술로 상대를 이해하라

재미있게 본 드라마가 있다. 조인성, 공효진 주연의 〈괜찮아, 사랑이야〉이다. 마음의 상처 하나쯤은 안고 살아가는 우리의 모습처럼 주인공들도 그렇다. 소소한 일상 속에서 부딪히는 두 주인공을 통해 '나만 힘든 게 아니구나', '나만 외로운 게 아니구나'를 느끼게 해주는 가슴 따뜻한 드라마였다.

주인공 공효진은 어렸을 적 엄마의 불륜에 의한 트라우마로 남자와의 관계 기피증과 불안증을 앓고 있다. 그랬던 그녀가 조인성과의 사랑으로 트라우마에서 점차 벗어나게 되고, 드디어 엄마를 이해하게 된다. 불륜으로 더럽고 밉게만 보였던 엄마가 처음으로 예뻐 보인다. 전신마비로 서너 살의 지능을 가진 아빠와 가난한 집안에서 의대를 가겠다고 고집했던 이기적인 딸. 이로 인해 엄마는 얼마나 힘들고 외로웠을까를 진심으로 이해하게 된 것이다.

절대로 이해할 수 없었던 상대를 이해할 수 있게 되는 계기는 이처럼 상대와 비슷한 처지에서 같은 경험을 할 때다. 물론 그 또한 간접 경험이지만, 머릿속으로 절대 이해하지 못했던 것이 내가 그와 비슷한 경험을 해봄으로써 그제야 상대를 이해할 수 있는 것이다.

나는 술을 정말 못한다. 소주 석 잔이 주량이다. 이 또한 몸 상태가 좋을 때만 가능한 주량이다. 그래서인지 술이 내가 되고, 내가 술이 되는 지경에 이르러 도대체 어젯밤 내가 어떻게 집에 들어왔는지 모르겠다고 말하는 사람들을 보면 도통 이해가 되질 않았다. 어떻게 정신을 잃을 정도로 술을 마실까? 자기관리를 못하는 사람이라며 비난을 서슴지 않았었다.

그랬던 내가 그들을 온전히 이해하게 된 사건이 있었다. 내게 늘 좋은 가르침을 주는 존경하는 선배와 늘 식사만 하다가 그날 처음으로 술자리를 가졌다. 홍대의 유명한 막걸리집에서였다. 선배의 소중한 추억이 담긴 곳이라며, 재미난 추억담을 안주 삼아 막걸리를 마시고, 2차로 내가 즐겨 찾는 재즈 라이브 클럽에서 간단하게 칵테일 한 잔씩을 더 곁들였다.

한 시간쯤 음악을 감상하고 있었을까. 뭔가 밑바닥에서부터 뜨거운 것이 올라오는 느낌이 들더니 내 몸과 영혼이 분리되는 듯한 불길한 예감이 들었다. 나는 더 이상 견디기가 힘들어 "선배님! 이제 집에 가는 게 좋을 것 같아요"라고 이야기하고, 서둘러 자리에서 일어섰다.

그런데 문을 열자마자 아래로 나 있는 다섯 개의 계단이 아른거리더니, 순식간에 쿵! 몇 초가 지났을까.

"에구머니나! 괜찮아요? 이 일을 어떻게 해? 어떻게 해?"

당황하며 놀라는 선배의 목소리가 들렸고, 나는 한참 후에야 상황 파악이 됐다. 내가 문을 엶과 동시에 계단으로 굴러 떨어져버린 것이다. 정말 일생일대 최악의 수치스러운 사건이 아닐 수 없었다. 선배의 부축으로 겨우 일어선 나는 "어! 흑, 저 원래 이런 애 아니에요! 저 원래 이런 애 아니에요!"만 연발하였고, 선배가 약국에서 사온 숙취 해소 음료를 들이켜고서야 겨우 걸어 나와 집으로 갔다.

그 사건 이후로 나는 술을 마시고, 길거리에서 쓰러지거나 필름이 끊기는 사람들을 너무나 잘 이해하게 되었다.

'술 마시면 자기도 모르게 그럴 수 있는 거지. 그걸 왜 욕해?'

이런 너그러운 마음도 생기게 되었다.

도저히 이해할 수 없던 상대도 내가 그와 비슷한 경험을 해보면 그제야 이해할 수 있게 된다. 집에만 오면 무뚝뚝해지는 남편이 이해가 되질 않았는데, 지금 내가 남편의 입장에서 가장 역할을 해보니 알 것 같다. 밖에서 일을 하고 들어와 얼마나 쉬고 싶었을까!

내가 이해하지 못했던 상황을 직접 경험해보면서 이해하게 되는 과정을 우리는 그리 많이 경험하지는 못한다. 그래서 머릿속으로 상상해본다. '만약 내가 그 사람이라면 어떻게 했을까'를…… 물론 이렇게 해서 상대를 충분히 이해하게 되었다면 당신은 훌륭한 소통자이다.

아무리 생각해도 상대가 이해가 되질 않을 때는 머릿속에만 그치지 말고 실제로 그가 되어보는 방법을 써보는 것이 좋다. 그러니까 그의 위치에 실제로 내 몸을 이동시켜 내 위치가 아닌 상대의 위치에 서서 나를 바라보는 것이다. 그리고 온전히 상대가 되어본다. 제대로 몰입해보자. 그 상태에서 나를 보는 것이다. 그리고 때로는 직접 입을 열어 상대가 되어 나에게 말해보자.

"넌 늘 네 입장만 고집해. 난 이런 거였다고!"

커뮤니케이션 수업 시간에 이 부분을 학생들에게 가르쳐보았다. 그랬더니 의외로 아주 쉽게 기술을 익혔다. 부모나 형제지간의 갈등, 친구 혹은 선후배 간의 갈등, 이성 친구와의 갈등 등에서 직접 내가 상대방이라고 생각하고, 그 위치에서 자기 자신을 바라보고, 대화를 나눠보니, 도저히 납득이 되지 않았던 상대가 이해되었다고 한다.

이 기술은 처음에는 몸으로 직접 이동해가며 실습해야 하지만, 점차 익숙해지면 머릿속으로도 상대와의 갈등을 비교적 쉽게 해결할 수 있다. 물론 절대 누군가를 100퍼센트 이해할 수는 없다. 나와 전혀 다른 지도를 가지고 사는 사람을 내가 어떻게? 다만, '그랬겠구나!'라고 공감할 수 있다면 더불어 사는 우리 사회가 얼마나 따뜻해질지 기대해본다.

# 상대방의 위치에 서보기!

- 이해할 수 없는 상대가 내 앞에 있다고 상상하고 마주해보자.
- 먼저 상대에게 나의 입장을 이야기한다.
- 그리고 한 바퀴를 돌아 상대의 자리에 서서 나를 보라. 이때 온전히 상대가 되어야 한다. 온전히 상대가 되어 상대의 감정을 느껴야 한다. 그리고 나를 보자. 그다음 이렇게 말해야 한다.
  "너의 이야기는 잘 들었는데, 내 입장은 이렇다."
- 처음엔 이렇게 몸을 직접 움직여 연습하다 어느 정도 익숙해지면 그땐 머릿속으로 상대의 입장이 되어보자.

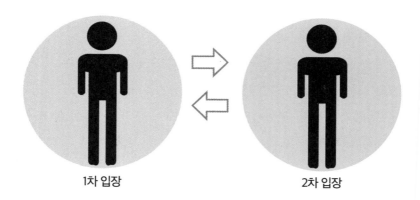

1차 입장          2차 입장

# 11

# 칭찬으로 호감을 사라

만나면 기분 좋은 사람이 있다. 한 지인은 "너의 가장 큰 장점은 말이야, 물론 여러 가지가 있지만 그중에서도……" 하며 대화를 시작한다. 정말 한 방에 미소 짓게 만드는 말이다. 얼굴 표정뿐만 아니라 마음까지 환해진다.

내게 그런 장점이 있었나? 나도 모르는 나 자신의 좋은 점을 말해줘서 엄청난 감동을 받을뿐더러 나 스스로가 대견스럽고 뿌듯함까지 느껴져 그렇게 기분 좋을 수가 없다. 그러니 평소 나를 잘 관찰하고 좋은 점만을 기억하고 있다가, 만나면 잊지 않고 이야기해주는 그의 정성에 감격하지 않을 수 없다.

더군다나 "여러 장점이 있지만 그중에서도"라며 나에게 장점이 많다는 것을 전제로 칭찬을 하니, 곱씹을수록 기분 좋게 만드는 말이다. 어쩌겠는가? 당연히 그 사람을 향한 내 마음도 활짝 열릴 수밖에! 더불어 칭찬받은 나의 그 장점을 살리기 위해 더 노력하게 되는 것이다. 다음에 또 칭찬을 들어야겠다는 생각이 슬그머니 각인되면서 말이다.

주자학의 입문서라고 하는 『근사록(近思錄)』에는 이런 말이 있다.

'군주의 마음을 얻으려면 반드시 그 마음의 밝은 곳에서부터 시작해야 한다.'

상대의 마음이 밝은 곳, 그러니까 상대가 좋아하고 잘하는 것을 이야기해준다면 상대는 나에게 마음을 활짝 열 것이다.

그렇다면 칭찬하기 위해서는 무엇이 선행되어야 할까? 먼저 상대방을 관찰해야 한다. 상대를 관찰하기 위해서는 애정이 있어야 한다. 그래야 그 사람의 좋은 점이 보이기 때문이다.

방송 엠시 시절, 수많은 사람과 대화하고 인터뷰를 하며 터득한 노하우가 있다. 일부러 연구하고 공부하며 깨우친 것은 아니다. 상대방, 그러니까 출연자가 어떻게 하면 주어진 시간 내에 본인을 어필하고, 하고 싶은 말을 청취자들에게 제대로 전달할 수 있을까를 생각하다가 저절로 터득한 방법이다. 나도 모르게 상대방을 치켜세우는 쪽으로 도가 튼 것이다. 치켜세운다는 것은 당시 덜 성숙했던 나의 표현이고, 지금 회상해보면 그것은 칭찬이다.

방송의 특성이 그렇다. 전문 방송인이 아닌 일반인, 연예인이라 하더라도 신인이라면 스튜디오 안을 어떤 각오로 들어와 앉을지라도 'on air' 불이 딱 들어오면 생각처럼 말이 잘 나오지 않는다. 어떤 출연자는 생방송에 입을 자석처럼 꾹 다물고 있어 엠시들을 당황하게 만들 때도 있다. 그래서 엠시들은 방송이 들어가기 전 시간과 토크와 토크 사이, 노래가 나가는 4~5분의 짧은 시간에 공을 들여 게스트의 마음을 유연하게 만들려고 노력한다. 바로 칭찬을 통해서다.

"오늘 헤어스타일이 멋지시네요?"

"와우! 목소리가 딱 방송용이시네요!"

"오늘 의상이 저희만 보기에는 아까울 정도로 멋지세요. 딱 제 스타일인데요!"

"평소에도 이렇게 자기관리를 잘하시나요?"

"몇 마디 나누지 않았는데도 알 것 같아요. 평소에도 자상한 분이라는 것을!"

이런 식으로 끊임없이 상대를 칭찬하는 것이다. 혹시 '가식적인 말만 하는군!'이라고 생각하는가? 그렇다면 당신은 삶에 여유가 없는 사람이다. 위의 말을 유심히 살펴보면 부풀렸거나 포장한 말은 전혀 없다. 지금 그 사람이 가장 신경 쓰고 드러내고 싶어 하는 것을 잘 관찰해서 최대한 표현해준 것뿐이다.

이렇게 칭찬하면 대부분은 미소를 지으며 "아휴! 과찬이십니다"라든지, "아휴! 감사합니다. 좋게 봐주셔서 그래요"라든지, 모두 행복해하는 반응들이다. "어휴! 저 기분 좋으라고 그렇게 말씀하신 거죠?"라고 말하는 사람도 하나같이 얼굴에는 미소가 가득하다.

그리고 다시 'on air' 불이 들어오면 불과 몇 분 전보다도 훨씬 밝고 생기 있는 분위기로 방송에 임한다. 마음의 문이 활짝 열리며 긴장을 내려놓게 된 것이다.

이렇듯 칭찬과 인정은 상대의 마음을 부드럽게 움직일 수 있는 마법 같은 유연제다. 이 마법의 언어는 상대를 충분히 관찰해야만

나올 수 있다. 상대를 진심으로 관찰하면 단순히 그 사람의 겉모습 뿐만 아니라 그 사람의 내면까지도 들여다볼 수 있다. 그럼 그 사람이 평소 가지고 있는 생각, 말투, 사소한 습관에서도 칭찬할 거리를 건질 수 있다.

예를 들어 감기에 걸렸음에도 불구하고 회사에 나온 직원에게 "감기에 걸렸는데도 회사에 나왔나? 하루쯤 쉬면서 자네 건강부터 챙겨야지? 역시 자네는 책임감이 강한 사람이야" 하며 그에게 엄지를 세워 보이면 상대는 '그동안 나를 쭉 관심 있게 보고 계셨구나. 나의 책임감 있는 모습을 인정해주시다니' 하며 무한 감격해 아마도 회사를 위해 더 많은 노력을 할 것이다.

상대에게 호감을 사고 싶은가? 그렇다면 칭찬을 하라. 분명 마음을 얻을 것이다.

# 상대의 마음을 얻는 칭찬하기

- 상대를 만나 칭찬할 거리가 무엇인지 무조건 찾는다(옷차림, 말투, 태도, 최근 성과 등).
- 그리고 이렇게 이야기한다. "당신의 가장 큰 장점은요, 물론 여러 가지가 있지만 그중에서도 ○ ○ ○이지요"라고!

# 12

## 상대의 숨겨진 의도, 메타메시지까지 파악하라

한동안 인터넷에서 '여자 언어 번역기'가 회자되었다. 여자들의 말은 곧이곧대로 들어서는 안 된다는 것이다. 그 안에는 반드시 숨겨진 의도가 깔려 있으니까 말이다. 최근에는 여자들의 말과 그 속에 담긴 다른 의미를 해석해주는 앱까지 등장했다고 한다. 여기서 잠깐 여자의 언어를 한번 살펴보자.

오빠! → 나는 ○○를 원해!
뭐해? → 너의 시간을 나에게 투자하길 원해!
이거 어때? 예쁘지? → 사줘!
배고파! → 사줘!
사고 싶은데 비싸. → 사줘!
이거 있으면 좋겠다. → 사줘!

난 좀 보수적인 거 같아. → 너한텐 얄짤없어!

나 오늘 속상한 일 있었어. → 내 편 들어줘!

내 이야기를 못 알아듣는 남자 친구 때문에 고민한 적이 있는 여자라면, 공감 백배일 것이다. 여자 친구의 말을 잘 이해하지 못해서 다툼을 종종했던 경험이 있는 남자라면 '아하! 그렇구나!' 할 것이다. 그렇다면 이와 반대로 남자들의 언어는 어떨까? 결론부터 말하자면 정말 곧이곧대로 들으면 된다.

뭐해? → 뭐해?

배고파! → 밥 먹자!

이거 어때? 멋있지? → 정말 멋있어서 물어봤어.

나 오늘 속상한 일 있었어. → 그냥 그렇다는 얘기야.

어떤가? 대체로 공감할 것이다.

우리는 말로 소통한다. 그런데 문제는 그 말을 받아들이는 사람들마다 해석이 다르다는 것이다. 상대의 말을 그대로 받아들여서 오해를 빚거나 자기만의 방식으로 해석해서 낭패를 보는 경우가 참 많다. 그 때문에 상대의 말을 해석하는 능력이야말로 이 시대의 필수적인 의사소통 능력이라고 할 수 있다.

말 속의 숨은 뜻을 메타 메시지(Meta-Message)라고 한다. 미국의 인류학자이자 언어학자인 그레고리 베이트슨은 메타 의사소통과 메타 메시지의 중요성을 강조했다. 즉, 언어적인 콘텐츠 자체의 의미보다 그 안에 숨어 있는 비언어적인 메타 메시지를 읽을 줄 아는 능력이 더욱 중요하다는 것이다.

그러므로 우리는 '어떻게 말하는가', 즉 발신자와 수신자의 지위와 상황, 음조의 변화, 말의 억양, 목소리의 높낮이, 목소리의 크기, 말의 빠르기 등을 통해 '무엇을 말하는가?'뿐만 아니라 그 안에 담긴 메시지까지 파악해야 한다.

다음 문장을 통해 말하는 사람의 메타 메시지는 무엇인지 파악하는 연습을 해보자.

"나는 오늘 그녀와 'INflow' 레스토랑에서 저녁 식사를 할 겁니다."

이때 음절마다 각각 초점을 두고 억양을 변화시키면서 읽어보자.

나는 오늘 그녀와 'INflow' 레스토랑에서 저녁 식사를 할 겁니다.
(다른 사람들의 생각에 상관없이 주체적으로)

나는 오늘 그녀와 'INflow' 레스토랑에서 저녁 식사를 할 겁니다.
(다른 날이 아닌 바로 오늘)

나는 오늘 그녀와 'INflow' 레스토랑에서 저녁 식사를 할 겁니다.
(다른 사람이 아닌 바로 그녀와)

나는 오늘 그녀와 'INflow' 레스토랑에서 저녁 식사를 할 겁니다.
(다른 곳이 아닌 바로 'INflow'레스토랑에서)

나는 오늘 그녀와 'INflow' 레스토랑에서 저녁 식사를 할 겁니다.
(점심 식사가 아니라 바로 저녁 식사를!)


어떤가? 어디에 초점을 두고 강하게 말하느냐에 따라 의미가 달라지며, 발신자의 의도가 달라진다는 것을 알 수 있을 것이다.

상대가 말하는 것을 잘 들어보자. 자기도 모르게 강조하는 단어가 있다. 상대는 지금 그것을 강조하는 것이다. 그것을 알아채야 한다. 유난히 강세를 두거나, 한 번 호흡을 하고 말을 하거나, 그 단어를 이야기할 때 눈동자가 커진다거나……. 이 모든 비언어를 포착해서 상대의 숨은 뜻을 알아채야 한다.

또한 잘 들어보면 상대가 무의식적으로 계속 반복하는 단어가 있다. 그것 역시 현재 상대가 생각하는 가장 큰 이슈이자 관심거리이다. 이것을 빨리 포착해 알아채고 이야기해준다면 상대는 당신에게 마음을 활짝 열 것이고, 호감을 느낄 것이다. 상대의 메시지 속에 숨은 뜻을 헤아려 상대를 내 편으로 만들어보자.

# 숨은 의도 파악하기

- 상대의 말을 잘 듣는다.
- 이때 어떤 말을 할 때 표정의 변화가 큰지, 어조의 변화가 큰지를 살펴본다.
- 그것을 알아채고 상대에게 적절하게 맞장구를 쳐준다.
- 그 이야기를 한 상대의 감정까지 헤아려보고 말해준다.

예) 실제 나와 어머니의 대화

어머니 : 아휴! 아침부터 정신없었다. 애기 유치원 보내고 부랴부랴 집 청소를 끝낸 다음 점심에 모임 갔다가 내일 소풍간다고 하니 정신없이 장을 보고 다시 애기 데리러 갔지.

→ 정신없다는 말을 여러 번 하며 그 이야기를 할 때마다 한숨이 묻어난다.

나 : 어휴! 우리 엄마 오늘 정말 정신없이 바쁘셨구나. (되묻기) 엄마 오늘 정말 피곤하겠다. 많이 힘들지? (상대의 감정을 읽어주기) 내 딸 보느라 정말 고생 많네요. (상대의 비언어를 포착해 무엇을 강조하는지 알아채고 공감해주기) 미안하고 고마워요, 엄마. (상대의 숨은 의미를 파악하고 적절한 말을 해주기)

Part 3

How to win?

—Elegant·우아하게

# 01

## 말과 표정을 일치시켜라

　　그녀와의 첫 대화는 SNS를 통해서였다. 프로필 사진을 보니 한눈에 봐도 미인이다. 공통점이 있어 문자로 몇 번 대화를 나눴는데 그렇게 친절할 수가 없었다. 어찌나 다정다감하게 말을 건네주고 챙겨주던지, 만나지는 않았지만 이미 오래전부터 알고 지낸 사이처럼 친근감이 들었다.

　　드디어 오프라인 모임 날짜가 정해졌다. 도대체 어떤 사람일까 큰 기대를 안고 모임 장소를 나갔다. 그런데 이게 뭐지? 몇 번의 대화를 나누며 쌓였던 친분은 온데간데없고, 그렇게 차가울 수가 없었다. 무슨 말을 해도 무표정과 차가운 에너지까지, 얼굴에 웃음기라고는 전혀 없이 말을 했다.

　　비언어에 특히나 민감한 나는 '저 사람은 SNS로만 친절했구나!'라고 생각했고, 오프라인 모임 이후 그녀에 대한 호감도는 급격히 떨어져버렸다. 그리고 며칠이 지났는데, 그녀가 SNS로 살갑고도 친근하게 말을 건네는 것이다. '안녕, 인호 씨?' 하면서……. 어떤 모습이 진짜 그녀의 모습일까? 나는 오프라인 모임에서 보여줬던 모습이 그녀의 진짜 모습일 거라고 생각한다.

사람들이 말하는 모습을 유심히 관찰해보라. 스스로의 말에 풍덩 빠져 온 얼굴로 또 온몸으로 생생하게 전달하는 사람이 있는가 하면, '화가 났나?' 싶을 정도로 무표정하고 덤덤하게 이야기를 전하는 사람이 있다. 둘 중 어떤 이의 이야기가 재미있을까?

스피치 강의를 할 때 내가 가장 강조하는 부분 중 하나가 '자신이 말하고 있는 내용에 부합하는 표정을 지어라!'이다. 우리는 얼굴 표정으로 다양한 정보를 주고받기 때문이다.

미국의 심리학자 앨버트 메라비언에 따르면, 소통 요소 중 말의 내용은 고작 7퍼센트만 상대에게 전달된다고 한다. 비언어가 나머지 93퍼센트의 비중을 차지하는데, 평소 우리는 이 부분을 전혀 인식하지 못하고 있다. 왜냐하면 대부분의 비언어는 무의식 차원에서 일어나고 있기 때문이다.

앞서 우리는 상대의 비언어를 포착하는 캘리브레이션, 눈치코치에 대한 것을 함께했다. 우리는 상대방의 표정, 몸짓, 숨결 등을 통해 그 사람의 상태를 파악할 수 있음을 알았다. 그리고 좀 더 깊은 관찰과 주의를 통해 비언어를 잘 포착해낸다면 우리는 상대와 더 풍성한 대화를 나눌 수 있음도 알았다.

이것을 응용하여, 상대가 나의 메시지를 잘 전달받을 수 있게 언어뿐 아니라 비언어 전달에도 각별히 신경을 써야 한다. 내가 말한

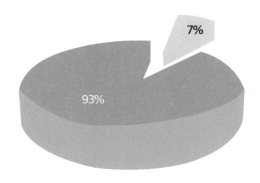

**<메라비언의 법칙>**

7%

93%

● 말의 내용
● 비언어적 표현(태도, 목소리, 표정 등)

내용에 부합하는 표정을 지으라는 이야기다.

강의를 할 때 자주 사용하는 예시가 있다. 수강생 한 명을 지목한다. 그리고 내가 당신에게 사과할 일이 생겨서 사과를 하겠다고 한다. 그리고 "사과할게요!"라고 말한 다음, "미안해요!"라고 말한다. 그다음 상대에게 물어본다.

"제 사과 받으셨나요?"

그럼 모두 "아니요"라고 답한다.

"왜요? 저는 분명히 '미안해요'라고 말했는데요?"

그럼 상대는 말한다.

"표정이나 말투가 전혀 '미안해요'가 아니었어요."

상황을 지켜본 다른 수강생들도 모두 동의한다.

그렇다. 나는 "미안해요!"라고 말은 했지만 뻔뻔한 얼굴 표정과 차가움이 느껴지는 말투, 거기다 말하고 나서 휙 돌아서는 태도로 '난 미안하지 않아요!'를 표현했다. 당연히 상대는 미안하지 않다는 메시지를 전달받은 것이다.

그렇다면 이 수강생이 나의 메시지 '미안해요'를 제대로 전달받으려면 어떻게 해야 할까? 나의 표정, 말투, 태도 모두에 미안하다는 메시지를 담고 있어야 한다. 물론 그렇더라도 나의 메시지가 100퍼센트 완벽히 상대에게 전달되기는 힘들다. 따라서 내 메시지를 상대에게 제대로 전달하고 싶다면 비언어 전달에 최선을 다해야 한다.

우리는 상대가 말한 내용의 키워드를 되물어주고 이어서 상대가 느끼는 감정을 말하는 공감 기술을 알고 있다. 그리고 이때 말과 표정을 얼마나 잘 일치시키느냐에 따라 라포르 형성이 달라진다는 것도 알고 있다.

예를 들어 "힘들었겠어요"라는 공감을 해야 하는 상황에서 위로의 전달이 안 되는 표정과 말투와 태도를 보인다면, '이 사람 말만 공감하는 척하는구나!'라는 생각을 들게 하며, 오히려 더 좋지 않은 결과를 낳을 수 있다.

요즘 곳곳에서 강연이 많이 열리고 있다. 강연에 참석했다면 강사들의 표정을 유심히 살펴보자. 자신이 경험한 이야기로 강의를 하는 사람들은 자신의 이야기에 쏙 빠져서 내용에 부합하는 표정을 대체로 잘 짓는다. 자신의 이야기이기 때문이다. 하지만 경험 없이 머리로 익힌 지식을 강의하는 사람들은 비언어가 그리 풍부하지 못하다. 당연히 그 강의 내용이 청중에게 제대로 전달될 리 없다.

이렇듯 소통뿐만 아니라 스피치에서도 비언어는 굉장히 중요하다. 사실, 스피치도 소통이다. 그렇기 때문에 내용과 표정을 일치시켜야 한다는 점을 늘 유념해야 한다. 기쁘면 기쁜 표정, 슬프면 슬픈 표정, 놀라면 놀란 표정! 잊지 말아야 할 것이다.

지금 당장 사랑하는 사람에게 말해보자.

"사랑해!"

만약, 상대가 감동을 받았다면 당신은 93퍼센트의 비언어를 잘 전달한 것이다. 그런데 만약, "뭐야? 말에 영혼이 없잖아!"라는 반응을 들었다면, 당장 거울을 들어 연습할 것을 권한다.

**02**

# 눈빛으로 유혹하라

사람의 눈에는 특별한 에너지가 있다. 상대의 눈을 그윽이 바라보면 그 사람의 내면을 들여다보는 듯한 묘한 느낌이 든다. 우리는 흔히 눈을 '마음의 창'이라고 말한다. 그만큼 상대방의 마음을 읽기 위해서는 눈을 관찰하는 것이 중요하다.

그런데 대부분의 사람은 상대의 눈을 보고 이야기하기를 굉장히 꺼린다. 눈을 어디에 둘지 몰라 결국 미간 사이 혹은 인중을 바라보거나 아니면 테이블만 내려다보는 사람도 있다. 하지만 진정한 대화를 나누기 위해서는 많은 것을 이야기해주는 눈을 바라봐야 한다.

사람은 자신이 관심 있어 하거나 호감이 갈 때 눈이 커진다고 한다. 미국의 심리학자 에커드 헤스는 다양한 실험을 통해, 사람은 흥미 있는 것을 보면 밝기와 상관없이 동공이 커진다는 사실을 발견했다. 생각해보자. 맛있는 음식이 나왔을 때 어떤가? "우와!" 하며 저

절로 두 눈이 동그랗게 커진다. 멋진 이성을 만났을 때도 내심 "우와!" 하며 저절로 눈이 커진다. 눈이 커진다는 것은 동공이 확대된다는 것이다.

이 사실을 알고 주변을 잘 관찰해보면 재미있는 광경을 많이 목격할 수 있다. 특히 연인들의 눈빛들을 보면 '아! 정말 동공이 커지는구나'를 쉽게 느낄 수 있다. 나는 지하철에서 사랑 가득한 눈빛으로 시선을 주고받는 커플들을 많이 본다. 서로를 바라보는 반짝반짝 빛나는 시선들을 관찰하다 보면 그 눈빛만으로도 서로 얼마나 사랑하는지 가늠이 될 정도다.

또한 누가 누구에게 호감을 갖고 있는지를 단번에 느낄 수 있는 것도 눈빛이다. 얼마 전 대여섯 명의 교육생들과 짧은 티타임을 가졌다. 그 자리에서 어떤 이가 자신의 아들과 같은 또래의 학생에게 이야기를 건넸다. 그런데 그의 눈빛은 조금 전 우리와 나눈 눈빛과 확연이 달랐다. 함께 있는 사람들에게 그 사실을 말했더니 모두가 정말 그렇다며 놀라워했다. 자신의 아들처럼 생각되어 따스한 마음이 담긴 눈빛이 저절로 나온 것이다. 이렇게 우리는 자신과 공통점을 가졌거나 호감이 있을 때 자신도 모르게 눈이 커진다.

상대의 마음을 열고 싶을 때도 이 점을 이용할 수 있다. 자신이 관심 있어 하거나 호감이 갈 때 눈이 커지는 것을 역이용하는 것이다. 내게 호감을 느끼도록 내가 먼저 상대에게 눈을 크게 뜨고 이야기하면 상대가 내게 호감을 가질 수 있다. 그만큼 내가 상대에게 관심이 있다는 표현을 한 것이기 때문이다. 그리고 이때 상대에게 보내는 눈길의 양을 늘려보자. 평소보다 조금 더 오랫동안 상대의 눈을 바라보는 것이다.

친밀감 평형모형(Intimacy Equilibrium Model)에 따르면 친밀감은 눈길의 양, 물리적 근접성, 미소의 양에 영향을 미친다고 한다. 눈을 자주 바라봐야 친밀도를 유지할 수 있다는 이야기인데, 사랑하는 사람에게 활용해보면 백발백중이다. 평소보다 더 많은 눈길을 주었다면 상대는 데이트 이후 집으로 돌아가는 내내 아른거리는 나의 눈빛에 평소보다 더 뭉클한 사랑의 감정을 느낄 것이다. 실제로 덴마크의 심리학자 에드가 루빈은 사랑하는 커플일수록 눈길의 양이 많다는 것을 실험으로 증명했다. 이것은 또한 '거울신경세포(Mirror Neuron)'로도 설명된다.

거울신경세포는 동물이 특정 움직임을 수행할 때나 다른 개체의

**<거울신경세포 구조>**

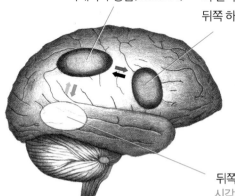

휴먼 거울 뉴런 시스템

아래쪽 두정엽(Rostral IPL)　　뇌 안쪽 전 운동피질(ventral PMC)/
뒤쪽 하전두회(posterior IFG)

뒤쪽 상측두구(posterior STS)
시각적 입력 거울 뉴런 시스템

특정 움직임을 관찰할 때 활동하는 신경세포다. 이 세포로 인해 자신이 하거나 다른 사람이 똑같은 행위를 할 때 동일한 신경 활동이 유발되며, 다른 사람의 행동을 보기만 해도 그 사람이 느끼는 것과 비슷한 감정을 느끼게 된다. 그러므로 이 신경세포는 다른 동물의 행동을 '거울처럼 반영한다'고 표현된다. 마치 관찰자 자신이 스스로 행동하는 것처럼 느낀다는 뜻이다.

따라서 상대에게 원하는 행동을 내가 먼저 보여주면 된다. 상대가 내게 호감을 갖고 눈빛을 보내도록 내가 먼저 상대에게 눈빛을 보내는 것이다.

나는 가끔 물건을 사거나 좀 더 나은 서비스를 기대하는 장소에서 이 방법을 활용하곤 한다. 얼마 전 지인과 레스토랑에서 식사를 하는데 지배인이 와서 물었다.

"음식 맛이 괜찮으신가요?"

"네. 정말 맛있어요! 저 이곳에 처음 왔는데요. 지배인님도 친절하시고, 이렇게 음식도 맛있고. 진짜 좋아요! 단골되려고요!"

이때 나는 눈을 크게, 동공을 확대해서 지배인의 눈을 깊이 들여다보았고, 이야기 끝까지 시선을 떼지 않았다. 그랬더니 지배인은 이내 나와 비슷한 표정을 지으며 말했다.

"아! 정말 감사합니다. 더 필요하신 것 없으신가요? 제가 특별히 와인 한 잔 서비스로 드리고 싶은데, 어떠세요?"

"와! 좋아요!"

나는 이런 방법으로 할인, 무료 쿠폰, 더 나은 좌석, 넉넉한 인심 등의 기분 좋은 서비스를 받았을 뿐만 아니라 비즈니스 협상에서도 좋은 효과를 얻었다. 여태 왜 이 방법을 몰랐을까 할 정도로 전과 확연히 다른 소통 결과를 얻고 있다.

상대에게 원하는 것을 말하기 전에 상대의 마음을 먼저 열어라. 이제 이 말이 귀에 딱지가 앉았겠다. 이렇게 강조하는 이유는 그것이 본질이니 늘 잊지 말자는 의미다. 상대가 내게 호의를 베풀기를 원한다면 먼저 '이곳이 정말 마음에 든다' 혹은 '나는 당신이 정말 마음에 든다'라는 메시지를 보내라. 입과 함께 눈으로 말이다.

보는 것과 듣는 것 중 당장 눈에 보이는 것을 먼저 믿게 된다는 연구 결과가 있다. 지금 내 앞의 상대는 나의 말보다는 내 눈동자의 메시지를 먼저 믿는다는 뜻이다. 다만, 과함은 금물이다. 눈빛이 지나치면 상대는 부담스러워하거나 아니면 '나에게 화가 났나?' 하며 노여움이나 위협의 메시지로 받아들일 수 있으니 적당한 조절이 필요하다.

또 반대로 상대를 거의 쳐다보지 않고 이야기하면 불성실해 보이거나 굉장히 부끄러워하는 것으로 메시지가 전달된다. 그러니 나의 눈빛으로 나의 진정성을 충분히 전달해보자.

이때 반드시 세트로 따라가야 하는 것이 있다. 바로 배꼽이다. 상대에게 눈빛을 전할 때, 만약 얼굴을 돌리지 않고 시선만 상대를 향한다면 진정성은 떨어진다. 얼굴까지, 어깨까지 획 돌려 상대를 바라봐야 한다. 사실 우리는 이런 태도가 익숙하지 않지만, 그럼에도 배꼽까지 상대를 향하도록 온전히 상대에게 몰입하고, 마주하며 눈을 바라봐야 한다. 상대는 의식적으로는 이 모든 비언어를 눈치채지 못하지만 나의 호감의 메시지는 온전히 느낄 수 있다.

눈빛이 주는 진정한 메시지는 강력하다. 상대를 만난 상황으로 가정하고 연습해보자. "안녕하세요?"라고 말을 했다. 그리고 눈빛으로 '정말 안녕하세요?'라는 감정을 뿜어내보자. 그리고 대화의 포문을 열어보자. 아마도 상대와 라포르 쌓는 대화에 대해 관심을 갖고 주의 깊게 귀를 기울였다면, 당신은 상대를 기분 좋게 해주는 대화를 시작하는 데 성공할 것이다.

"어머! 그동안 무슨 좋은 일 있으셨나요?"

"요즘 피부관리하세요? 왜 이렇게 멋져지셨어요?"

이때 상대에게 이 내용을 충분히 전달하는 눈빛을 보내보자. 눈을 크게 떠 동공을 열고, 살짝 눈꼬리가 내려가도록 눈웃음으로 마무리를 짓는 것이다. 상대와 대화를 나눌 때 눈빛으로 유혹하는 법, 이것을 잘 기억해두자.

**03**

## 설득의 기본은 '꽃단장'이다

얼마 전 좋은 제안이 들어와 미팅을 가졌다. 늦은 오후, 만나기로 한 커피숍에 들어섰는데, 깔끔한 정장 차림에 단정한 헤어스타일을 한, 반듯한 이미지의 대표가 나를 맞이해주는 것 아닌가!

원래 우리는 누군가를 처음 만나면 머리부터 발끝까지 순식간에 자신도 모르는 사이에 스캔하기 나름이다. 물론 구두까지 확인하지는 못했지만 첫인사를 나눈 그 찰나에 드는 내 느낌은 '나를 만나러 이렇게 정성을 들이고 오셨다니'였고, 그래서 엄청 기분이 좋았다. 그러니 어떻겠는가? 처음 만난 사이지만 마음의 문이 쉽게 열렸고, 미팅은 첫 느낌 그대로 기분 좋게 마무리되었다. 초두효과(Primacy Effect)가 작용한 덕분인지 어지간히 불쾌한 일이 아니고서는 처음 가진 그 느낌이 끝까지 유지될 수 있었다.

미국 다트머스대학교의 심리 · 뇌 과학자 폴 왈렌의 연구에 따르면, 뇌의 편도체는 0.017초라는 짧은 순간에 상대방에 대한 호감과 신뢰 여부를 판단한다고 한다. 좋은 첫인상을 안겨줬다면 다행이지만, 행여 나쁜 이미지를 심어주었다면 좋은 이미지로 되돌아가기 위해서 무려 60번 이상의 만남이 지속되어야 한다는 것이다. 이 얼마나 끔찍한 이야기인가! 그러니 처음 만난 그 순간, 아직 대화를 하기 전 단계인 온전히 시각으로만 첫인상이 판단되는 그 순간이 얼마나 중요한지 알 수 있다.

몇 해 전 TV에서 재미있는 실험을 봤다. 실험은 한 남자를 쇼윈도에 세운 다음 밖에 지나가는 여성들에게 그 남자를 보고 느낀 연봉, 직업, 호감도에 대해 인터뷰하는 것이었다. 이미지 메이킹 전과 후로 나누어서 인터뷰를 하고 그 반응을 비교하는 것이 프로그램의 취지였다.

남자는 처음에 평소 모습 그대로 청바지에 티셔츠를 입은 수수한 차림으로 쇼윈도에 서 있었다. 그러자 대부분의 여성은 "호감이 가질 않는다. 연봉이 작을 것 같다"라고 말했다.

다음에는 전문가의 도움을 받아 세련된 헤어스타일과 맵시를 살려주는 정장으로 갈아입고 쇼윈도에 섰다. 그리고 지나가는 여성들에게 인터뷰를 했다. 여성 대부분은 "전문직 종사자다. 돈을 많이 벌 것 같다. 호감이 간다"라고 말했다.

결과를 지켜본 남자는 굉장히 놀라워했다. 겉으로 보이는 이미지가 얼마나 우리 일상에서 크게 작용하는지 여실히 보여주는 실험이었다.

사실, 그동안 우리는 쉽게 '겉모습쯤이야!'라는 편견으로 상대에

게 처음 각인되는 외면의 모습을 가볍게 생각해왔다.

자신이라고 생각하고 상상해보자. 미팅에 나갔다. 나는 아침부터 부산을 떨며 화장에, 머리 손질에, 의상에 몇 시간을 공들여 나갔다. 그런데 상대는 대충 빗어넘긴 머리에 그야말로 대충 골라 입은 듯 다소 후줄근한 옷차림으로 나왔다면, 그렇게 실망스러울 수가 없을 뿐더러 무례하다는 느낌까지 받게 된다.

공자도 외모의 중요성에 대해 다음과 같이 언급했다.

"본질이 겉모습을 누르면 거칠어지고, 겉모습이 본질을 누르면 겉치레가 된다."

물론 내면을 가꾸는 데는 두말할 것 없이 정성을 쏟아야 한다. 또한 그에 못지않게 겉모습을 가꾸는 것도 게을리해서는 안 된다. 내면의 바탕과 겉모습이 조화롭게 어울려야 상대에게 진정성이 전달된다.

자, 누군가를 설득해야 하는 자리에 나간다. 상대가 어떤 스타일의 옷을 입고, 어떤 색상을 좋아하는지 등의 사전 정보를 미리 안다면 금상첨화다. 그런데 그렇지 않다면 충분히 나를 돋보이게, 상대의 동공이 열릴 의상을 선택하자.

옷을 고를 때 내가 가장 많이 활용하는 것은 바로 퍼스널 컬러다. 퍼스널 컬러란 나의 얼굴을 가장 돋보이게 해주는, 내게 맞는 컬러를 말한다. 보통 자신의 피부, 눈동자, 헤어컬러 등을 진단해 어울리는 색상을 찾는다. 가장 쉽게 할 수 있는 방법은 옷을 고르러 갈 때 반드시 입어보거나 거울에 비춰보는 것이다. 그랬을 때, 주변인들의 피드백을 함께 들으며 내 얼굴이 가장 생기 있어 보이는 색상을 고르면 된다.

나는 얼굴이 하얀 편이라 차가운 색상이 잘 어울린다. 그래서 브라운 계통의 따뜻한 색상을 입으면 얼굴이 누렇게 떠 보이지만, 연한 파란색이나 차가운 색상을 입으면 얼굴이 더 돋보인다.

스스로 판단하기 힘들면 전문가의 도움을 받아보는 것도 좋겠다. 얼굴에서 가까운 상의만큼은 퍼스널 컬러의 옷을 입어보자. 그리고 나의 얼굴을 환하게 더 돋보이게 해보자. 헤어스타일 역시 전문가의 도움을 받는 게 좋다. 이런 데 돈을 아끼지 말자. 꼭 한 번은 전문가의 손길로 내게 맞는, 내게 가장 돋보이는 헤어스타일을 정비한 다음 꾸준히 관리하며 유지하기를 권한다.

유명한 연사 중 유머러스한 복장으로 이미지 대변신에 성공한 사람이 있다. 이미지 변신 전에는 굉장히 차갑고 지루해 보였는데, 머리카락에 컬을 넣어 파마를 하고 보타이를 했더니 자신을 대하는 청중의 태도가 달라지더란다. 자신의 어떠한 이야기라도 경계 없이 주의 깊게 편안하게 경청하더란다. 그는 지금 우리나라에서 제일 잘나가는 강연가 김정운 교수다.

무엇인가 내가 상대에게서 원하는 것이 있을 때, 무조건 상대의 마음을 먼저 열어야 한다는 것은 이제 충분히 알 것이다. 입을 열어 본격적인 대화가 오가기 전에 상대는 나의 겉모습으로 이미 판단을 내린다는 사실을 잊어서는 안 된다. 이왕이면 쉽게 상대의 마음을 열 수 있도록 최선을 다해 꽃단장을 하자.

# 04

## 말에 리듬을 싣고 이야기하라

나는 요리를 참 못한다. 그중에서도 국 끓이기가 제일 어렵다. 제 아무리 열심히 만들어도 참 '그 맛'이 안 난다. 어머니가 시키는 대로 했는데도 어찌나 맛이 밍밍한지 그 맛을 내기가 참 어렵다. 그래서 내가 내린 결론은 여기에 어떤 것을 '가미하자'였다. 곧장 마트에 갔다. 양념 코너에 여러 가지 국간장이 놓여 있었고 어머니가 절대 먹지 말라던 맛의 비법 가루들도 있었다. '맛깔스런 맛을 위해서라면 시도해보는 것도 나쁘지 않아'라는 생각과 동시에 장바구니에 담아 계산을 했다. 이제 요리는 다 끝났다는 생각으로 집에 돌아와 국을 끓였더니, 역시 국간장과 마법의 가루는 천국의 맛을 선사했다. 그렇다. 밍밍한 요리에 맛깔스러움을 더해주는 것들은 이 양념들이었다. 물론, 엄마표 양념이 더 훌륭하지만…….

말도 마찬가지다. 밍밍한 말에는 양념을 쳐줘야 한다. 리듬이라는 양념 말이다.

말하는 스타일은 크게 두 가지로 설명할 수 있다. 첫 번째는 우리가 흔히 떠올리는 교장선생님의 연설 스타일이다. 다른 하나는 모든 청중과 함께 호흡하며 생동감 있게 말하는 스타일이다. 우리는 당연히 두 번째를 꿈꾼다. 내 이야기에 모두 귀를 기울여주며 재밌어하기를 원한다.

그런데 어떤가? 모임 자리에서 내가 이야기를 하면 모두 휴대전화를 들여다보거나 지루해하는 표정이다. 그런데 '그 사람'이 이야기를 하면 모두 집중해서 듣고 즐거워한다. 분위기는 점점 '그 사람'이 주도해가고, 괜히 나는 위축되고 만다. '그 사람'은 자연스럽게 모임에서 가장 중요한 감투를 쓴다. 이런 경험, 누구나 있을 것이다.

어디서나 말 잘하는 '그 사람'은 꼭 존재한다. '그 사람'의 이야기는 참 맛깔스럽다. 마치 롤러코스터를 타는 것처럼 도입 부분에서는 뜸을 들이며 가볍게 시작하고, 클라이맥스에 치달을 때는 톤이 올라가며 성량도 커지고 말의 스피드도 다소 빨라진다. 그러다 마지막에는 다시 차분하게 처음 자리로 돌아오는 것이다. 듣는 사람은 '그 사람'의 이야기에 쏙 빠져든다. 함께 롤러코스터를 탔으니까 말이다.

이런 상황을 겪고 심각한 고민에 빠진 당신이라면 지금 당장 휴대전화 녹음기를 켜, 자신의 말을 녹음해보자. 그리고 들어보자. 분명히 높낮이가 없는 평이한 음조로 이야기할 것이다. 하지만 당황할 필요 없다. 연습으로 바꿀 수 있다.

지금부터 자신이 강조하고자 하는 부분에서는 톤을 올리고 볼륨을 높여 강하게 말하고, 반대로 중요하지 않은 부분은 톤을 내리고 소리를 약하게 말해보자. 말의 스피드는 빠르게 했다가 느리게 했다가를 반복하면서 자유자재로 말을 가지고 놀아보는 것이다.

파도를 탄다고 생각하고 머릿속으로 물결을 그리며 내려갈 때는 잔잔하게, 올라갈 때는 크고 강하게, 다시 내려갈 때는 작고 약하게 말해본다. 정해진 규칙은 없지만 처음에는 마치 파도를 타듯이 오르락내리락하며 연습하자.

"안녕하세요? 최인호입니다"라는 말을 할 때 그냥 단조로운 톤으로 하는 게 아니라 '요'에서 올라가면서 '최'에 최고 톤을 찍고, 다시 내려오는 것이다.

"안녕하세요? 최인호입니다."

이때 내가 정말 강조할 부분을 잘 생각해야 한다. 내가 강조할 말이 상대방이 정말 듣고 싶어 할 만큼 중요한 것인지를 생각해보자.

오래전 전문 프리젠터로 일했을 때의 경험이다. 회사에서 오랜 시간 공을 들여 만든 사업계획서를 나는 심사위원들 또는 투자자들 앞에서 설명한다. 이때 중요한 것은 15분 동안의 프레젠테이션에서 어떤 항목을 절정으로 하느냐를 파악하고 결정하는 것이다. 그 절정 부분에서 마치 신들린 듯이 설명을 해야 하기 때문이다. 그 부분이 우리 회사가 가장 강조하는 부분이자 우리 회사만의 강점임을 어필해야 하는 것이다. 그래서 최종 기획서가 완성되면 나는 항상 기획실장이나 대표께 여쭤본다. 무엇을 가장 어필하고 싶은지, 가장 강조해야 할 부분과 우리 회사만이 가지고 있는 차별화된 강점이 무엇인지를……. 그것이 파악되면 나는 그 부분에서 강약과 빠르게 느리게 포즈 등의 스피치 강조 기법을 사용하며 투자자들의 혼을 쏙 빼놓기 위해 미친 듯이 연습을 거듭한다.

그런데 더 중요한 것이 있다. 강조할 부분이 우리의 입장이 아니라 상대의 입장이어야 한다는 점이다. 우리는 프로그램 내용에 이러이러한 장점이 있음을 어필하고 싶어 강조했는데, 정작 심사위원들은 어떻게 홍보할 것인지에 관심이 있다면 우리는 잘못 짚은 꼴이 된다. 이렇게 되면 더이상 설득이란 없다.

즉, 내가 강조해서 말해야 할 부분은 내 입장이 아니라 상대의 입장에서 꼭 듣고 싶어 하는 중요한 부분이어야 한다. 그것을 잘 파악한 다음 그 부분에서 톤을 올리면 된다. 처음에는 좀 과장되게 연습하자, 많이 과하게! 그러다 리듬이 어느 정도 몸에 익으면 조금씩 자연스럽게 말할 수 있게 될 것이다.

칼럼이나 책을 낭독하며 연습해보는 것도 좋은 방법이다. 때로는 드라마나 영화에서 배우의 멋진 대사를 그대로 따라 해보는 것도 좋은 훈련이 된다.

"미쳤다 생각하고, 20초만 용기를 가져봐. 상상도 못할 일들이 펼쳐질 거야!"

영화 〈우리는 동물원을 샀다〉에 나오는 명대사이다. 자신이 직접 말을 한다고 생각하고 연습해보자.

"미쳤다 생각하고, 20초만 용기를 가져봐.
상상도 못할 일들이 펼쳐질 거야!"

물론 연기의 대사는 그 상황에 따라 또는 내가 느끼는 감정에 따라 억양이 달라질 수 있다. 나의 개인적 감정으로 볼 때, 강조할 부분은 20초만, 용기, 상상이다. 강조할 부분에서 톤을 올리고 성량을 키워 크게 말한 다음, 그 밖의 단어들에서는 힘을 빼고 잔잔하게 말하면 된다.

물결 위치는 사람마다 다를 수 있다. 강조할 부분에서 오히려 톤을 낮게 소리를 작게 말할 수도 있다. 다만, 어느 쪽이 훨씬 더 임팩트 있게 전달되는지 직접 소리를 내어 판단해보면 된다.

이때 말에만 리듬을 타서는 안 된다. 비언어 역시 리듬을 타야 한다. 얼굴 표정과 손짓으로 함께 리듬을 타며, 나의 말에 생기를 불어넣어보자.

# 말의 리듬 감각을 키우는 방법

리듬 감각을 기르기 위한 연습으로 '절대음감 게임'이 가장 좋다. 아래 5음절 단어를 각 음절마다 강약을 주면서 말해보자.

〈5음절 단어 예〉
톰얌쿵스프 / 스위스퐁듀 / 펑샤브샤브 / 게살샥스핀 / 청딱따구리
벌떡게게장 / 북방개개비 / 된장장국죽

• 총 5음절의 단어를 첫음절부터 차례대로 강세를 달리해서 말한다.

예)

• 이때 첫음절의 강세부터 마지막 음절의 강세까지 틀리지 않고 한 번에 말해야 한다. 중간에 틀렸다면 다시 첫음절 강세로 돌아가 시작한다.
• 발음까지 정확하게, 몸도 함께 움직이며 리듬을 타보자.
• 혼자 연습해도 좋지만 동료와 게임으로 연습하면 색다른 재미를 느낄 수 있다.

# 05

# 상대의 머릿속에 그림을 그려라

"어제 저녁 뭐 드셨나요?"

이런 질문에는 보통 간단히들 대답한다.

"어제 친구랑 멋진 음식점에 가서 맛있는 저녁을 먹었어요."

그런데 더 구체적으로 말해보는 건 어떨까?

"어젯밤 여덟 시쯤 친구 소영이와 도곡동에 있는 소문난 레스토 랑 'Inflow'에 갔어요. 한적한 주택가 골목 삼거리 중앙에 위치한 그 곳은 삼면이 창으로 뚫려 있어 시원하고, 인테리어는 참 멋스럽더라 고요. 지배인이 적극 추천하는 시금치 피자와 스파클링 와인 한 병 을 시켰는데, 음식이 어찌나 맛있던지 3인분인짜리 피자 한 판을 둘 이서 쥐도 새도 모르게 먹었답니다."

같은 상황을 표현한 두 버전의 이야기다. 어떤 이야기가 흥미로 운가? 어떤 이야기가 머릿속에 상이 맺히는가? 어떤 이야기가 오래 기억되는가?

첫 번째 이야기는 몇 분도 채 되지 않아 상대방의 기억 속에서 사라질 것이다. 하지만 두 번째 이야기는 아마도 그곳이 어디냐며 가보고 싶다는 피드백을 받았을 것이다. 모두 머릿속에 도곡동 어느 한적한 골목에 위치한 사방이 확 트인 레스토랑을 그렸을 테고, 맛있는 시금치 피자도 머릿속에 둥둥 떠 있을 테니까 말이다. 즉, 상대의 머릿속에 그림을 그린 것이다.

당신은 왜 말을 하는가? 지금 상대에게 그 말을 왜 하는가? 오늘 상대를 만난 목적이 무엇인가? 대화의 본질, 스피치의 본질은 나의 콘텐츠를, 나의 결과물(Product)을, 상대의 뇌리에 각인시키는 것이다. 그래서 결국 나를 선택하게 만드는 것이다. 나와 헤어지고 나서도 두고두고 나를 떠올리게 만들어야 한다. 즉, 상대의 머릿속에 '나'라는 사람의 상을 맺히게 해야 하는 것이다.

사람은 오감 중 80퍼센트를 시각에 의지한다. 앞서 첫인상에 대한 초두효과에서도 언급한 바 있지만, 대부분의 정보가 눈으로 들어와 머릿속에 그림으로 기록된다. 말의 내용을 그림으로 그려내듯 시각적으로 표현하면 쉽게 이해되고 쉽게 기억된다.

한번 생각해보자. 무언가를 기억해낼 때 우리는 어떠한 장면을 떠올린다. 당장 어제 오후에 무엇을 했는지 떠올릴 때도 어떠한 장소, 행위 등을 그린다. 따라서 상대를 움직이고 싶을 때 이렇게 상대의 시각에 어필하는 방법은 매우 효과적이다. 그래서 어떠한 내용이든 상대의 머릿속에 그림을 그리는 시각적 이미지로 표현하는 연습이 필요한 것이다.

영상화된 말이 뇌의 감정 중추인 시신경 사이에 직접적으로 연결된다는 것을 이미 과학자들이 밝혀냈다. 결국 마음속의 영상 이미지는 감정을 풍부하게 만들고, 감동을 안겨준다는 뜻이다. 반면, 논리는 사람의 마음을 피곤하게 하며 칙칙하게 한다. 그러니 누군가를 설득할 때는 상대의 머릿속에 그림이 그려지도록 표현해 상대의 시각을 자극하면 한결 쉬워진다. 상대의 머릿속에 그림 그리는 것은 그리 어렵지 않다. '누가', '언제', '어디서', '무엇을', '어떻게'를 사용하여 구체적으로 표현하면 되는 것이다.

다시 처음으로 돌아가 두 이야기를 비교해본다면, 쉽게 찾아낼 수 있다. 첫 번째 이야기와 달리 두 번째 이야기에는 구체적인 장소와 시간이 묘사되어 있다.

저녁 여덟 시 도곡동의 레스토랑 'Inflow'! 그리고 단순히 친구가 아니라 소영이라는 이름을 언급함으로써 이야기에 진실성을 부여했다. 또한 시금치 피자, 스파클링 와인이라는 구체적인 음식을 이야기함으로써 상대가 쉽게 그림을 그릴 수 있도록 표현했다. 그러니 어떤가?

청중은 첫 번째 이야기에서는 전혀 그림을 그리지 못했지만 두 번째 이야기를 듣는 동안에는 이미 나와 함께 레스토랑에 앉아 피자를 먹고 있을 것이다. 그리고 '아! 맛있겠다. 아! 가고 싶다'라는 감정을 느끼며 나의 이야기에 관심을 보일 것이다.

언젠가 이와 관련한 유쾌한 경험을 했다. 치아교정을 오래 한 탓인지 턱관절이 가끔 말썽을 피운다. 나는 아픔을 참고 미루고 미루다 치과를 갔다. 그러고는 당분간 핫팩 찜질을 하라는 처방을 받고 가까운 편의점에 갔다. 편의점에는 손난로 등 핫팩 종류가 엄청 많이 진열되어 있었다. 어떤 것이 가장 효능이 좋을지 망설이다가 아르바이트생에게 물었다. 그랬더니 이렇게 얘기하는 것이다.

"전 개인적으로 이게 효과가 좋은 것 같아요. 제가 여자 친구 수능 볼 때 따뜻하라고 전날 이걸 선물해줬었거든요. 여자 친구가 전날 밤에 뜯어서 사용했는데 다음 날 수능 보는 날까지 따뜻했다고 하더라고요. 수능이 끝나고 절 만났는데 그때까지도 이게 따뜻한 거 있죠. 성능이 오래가더라고요."

"와, 대박!"

"네."

"이걸로 살게요. 가장 좋은 것 같네요."

기억하자! 이야기를 할 때는 반드시 상대의 머릿속에 그림을 그려라! 그리고 꼭 비언어와 함께 이야기해야 한다. 그럼 더 생생하게 전달될 것이다.

## 어제 무엇을 했나요?

- 구체적으로 이야기한다. 언제, 어디서, 누구와, 무엇을, 어떻게, 왜?
- 이때 말하는 당신의 머릿속에도 어제의 영상이 그림으로 그려져야 한다.
- 말에 리듬을 실어 생생하게 표현한다.
- 말의 내용에 맞는 표정과 보디랭귀지를 함께 사용한다.

# 마법의 질문, 어떻게 하면 될까요?

얼마 전 일 때문에 지방 호텔에서 2박을 했는데, 급히 하루 더 숙박해야 할 상황이 생겼다. 2박은 할인이 되는 인터넷 모바일로 미리 예약을 했기 때문에 가격 부담이 없었는데, 하필 하루 더 묵어야 할 그날이 주말이라서 할인가는 이미 매진된 상황이었다.

비싼 호텔 비용을 다 지불해야 하나, 고민하다가 일단, '말이나 해보자. 밑져야 본전이니까!'라고 생각하고는 내가 자주 활용하는, 지금까지 경험상 성공률이 꽤 높은, 그래서 원하는 것을 비교적 쉽게 얻을 수 있는 '어떻게' 법칙을 써보기로 했다.

당장 프런트 데스크에 내려가 협상을 지어야겠다고 마음먹고 내려갔느냐? 노! 절대 아니다. 협상 지을 사람을 만나기 전에 반드시 점검하고 나가야 할 것이 있다. 바로 나의 첫인상이다. 꽃단장을 하고, 상대를 유혹할 눈빛이면 된다. 프런트 데스크에 있는 직원의 마음을 열기 위해 나 역시 정성을 다해 준비를 했다. 막 잠에서 깬 상태였기에 머리 모양새도 단정하게 손질하고, 옷매무새도 가다듬고 내려갔다. 그리고 심호흡을 한 다음 한 단계씩 차분히 진행했다.

1단계, 제일 먼저 상대의 마음을 열었다. 그러기 위해서 눈을 동그랗게 뜨고, 상대의 검은 눈동자를 지긋이 바라보며 아이콘택트를 시도했다. 또 미소도 빠뜨리지 않았다.

"안녕하세요?"

"안녕하세요? 고객님, 편히 주무셨어요?"

"네. 이틀째 아주 편안히 잘 쉬고 있어요. 이곳이 정말 마음에 듭니다. 서비스도 좋고 참 안락하네요."

직원은 연신 "아, 감사합니다!" 하며 미소로 화답했다. 내친김에 한두 마디 더 거들었다.

"이곳에 또 오고 싶어요. 그렇지 않아도 소문 많이 냈네요."

그리고 2단계, 무척 안타까운 표정을 지으며 내가 원하는 것을 이야기했다.

"그런데 약간의 문제가 생겼어요. 이곳이 참 마음에 들어 하룻밤 더 지내고 싶은데, 모바일로 예약하려 했더니 주말 정상가로 구매해야 하더라고요. 전 이곳이 정말 좋은데 비싸서요. 아휴, 지금 짐을 싸서 다른 곳으로 옮겨야 하나 고민입니다."

그다음 3단계다!

"어떻게 하면 될까요?"

이때 '당신이 해결해줄 거라 믿어요!'라는 아이콘택트를 끝까지 유지했다. 그러자 직원이 말했다.

"그러세요? 원래는 안 되는데. 제가 할인가에 구매할 수 있는지 알아봐드릴게요. 잠시만요!"

"어머 정말요? 와! 정말 감사합니다. 앞으로도 자주 찾아올 것 같아요!"

결국 주말임에도 불구하고, 주중 할인가로 하루 더 숙박할 수 있었다.

정말 마법의 질문이다. 늘 성공을 가져다주니까 말이다. 물론 내가 원하는 만큼 이루지 못한 적도 있지만 대체로 좋은 결과를 가져다준다.

방법은 간단하다.

"내가 원하는 것은 저거예요. 그런데 지금 이런 상황이네요. 어떻게 하면 저것을 얻을 수 있나요?"

이렇게 물으면 대부분이 "몰라요!"라고 답하지 않는다. 왜냐하면 이 질문을 하기 전에 상대와 라포르를 쌓는 데 정성을 들였기 때문이다. 그러고 나면 대부분의 사람은 어느 정도 마음을 열게 마련이다. 그 상태에서 차갑게 모른 척하며 돌아서는 사람은 거의 없다. 혹시라도 내가 원하는 것을 해결해주지 못할 상황이라면 차선책이라도 반드시 제안해준다.

그러니 일단 말을 해보자. 될까? 해줄까? 망설이며 포기하고 돌아서지 말고, 일단 밑져야 본전이니, 말이나 해보자라는 배짱으로 시도해보자.

"어떻게 하면 될까요?"는 정말 놀라운 질문이다. 앞서 부탁할 때도 사용할 수 있지만, 상대의 행동을 변화시키고자 할 때도 마법을 발휘하기 때문이다. 핵심은 '어떻게 하면 될까요?'라는 질문을 받았을 때 질문한 사람의 의중을 스스로 깨닫고, 해결 방법을 모색해 스스로 선택하게 한다는 것이다. 또한 이 질문은 나에게도 그대로 활용할 수 있다, 아주 강력하게!

"지금 이런 문제에 봉착했어. 그런데 너는 지금 저것이 되기를 원해. 자, 그럼 어떻게 하면 될까?"

지금 원하는 것이 있는가? 그렇다면 질문해보자. 그 대상이 상대이든 자신이든 상관없다. "어떻게 하면 될까요?"로 바로 해결될 것이다.

## 부탁할 때 하는 '어떻게' 대화법

• 우선, 밑져야 본전이라는 마음을 먹는다.
• 상대와 먼저 라포르를 쌓는다(칭찬, 공통점 찾기 등을 통해).
  "늘 당신이 있어 제가 얼마나 든든한지 몰라요."
• 원하는 것을 말한다.
  "제가 지금 당장 이 문제를 해결해야 하는데 시간적인 여유가 없
  네요. 어떻게 하면 될까요?"

# 상대의 선호 감각을 자극하라

사람은 오감을 통해 세상의 정보를 입력하고 행동한다. 오감에는 시각, 청각, 후각, 미각, 신체 감각이 있는데, 사람마다 선호하는 감각이 모두 다르다. 어떤 사람은 시각으로, 어떤 사람은 청각으로, 어떤 사람은 신체 감각으로 세상을 체험한다.

후배와 영화를 보고 난 후 커피를 마시며 이야기를 나누는데, 어쩌면 같은 영화를 봤는데도 마치 서로 다른 영화를 본 듯 말을 해 서로 깜짝 놀란 적이 있다.

"아까 두 주인공이 밤에 데이트했던 장소, 정말 멋지지 않니? 계단식 광장이랑 그 앞으로 확 트인 바다와 그 산책길이 지금도 눈앞에 쫙 펼쳐지는 것 같아."

"난 그때 나온 배경음악이 좋더라! 어쿠스틱 기타 소리가 간질간질, 지금도 귓전에 들려."

"아! 그래?"

"언니, 그 여자 주인공이 남자에게 건넸던 말, 완전 멋졌지? 귓가에 계속 울려 퍼지더라!"

"그때 여자 주인공 눈이 진짜 예쁘더라. 입고 나온 원피스도 엄청 잘 어울리고!"

이야기를 마치고 둘 다 서로 다른 이야기를 하고 있다고 느껴 한참을 웃었다.

나는 시각과 신체 감각적인 사람이다. 눈으로 많은 것을 접하고, 때로는 온몸으로 느끼며 인지한다. 그렇기 때문에 영화를 보면 탁 트인 바다라든지, 여자 주인공이 입고 나온 의상 등 눈으로 접한 것들을 잘 기억한다. 후배는 청각적 사람이라서 배경음악이라든지 주인공의 말이 뇌리에 강하게 남는다.

자세히 보면 서로 말하는 언어도 다르다. 나는 "눈앞에 펼쳐진다"라고 한 반면, 후배는 "귓가에 울려 퍼진다"라고 말하는 식이다.

대체로 시각적인 사람은 머릿속으로 이미지를 만드는 사람이고, 청각적인 사람은 소리와 언어를 통해 정보가 처리되는 사람이다. 그리고 미각과 후각을 모두 포함한 신체 감각적인 사람은 촉감이나 정서적 관점을 파악하는 사람이다.

선호 감각을 기준으로 혈액형처럼 시각, 청각, 신체 감각적인 사람이라고 유형별로 분류하는 것은 아니다. 우리는 모든 오감을 통해 매사를 판단하고 느끼기 때문에 한 가지 감각만 사용하여 표현하기란 어렵다. 당연히 오감을 골고루 섞어 체험하고 표현하지만 사람마다 조금씩 우선적으로 자주 사용하는 감각이 있다는 것을 인정하고 이해하면 된다. 같은 영화를 봐도 서로 다른 장면에서 감동을 받는 것처럼 말이다. 이렇게 선호 감각을 알게 되면 상대의 성향을 이해해서 의사소통의 질을 높일 수가 있다.

대학에서 소통 기법을 가르치며 선호 감각에 대해 학생들에게 알려줬더니 의외로 많은 학생이 유용하게 활용했다. 한 학생의 경우를 예로 들면, 그는 늘 여자 친구와 맞지 않는다는 느낌을 받았단다. 그런데 선호 감각에 대해 배우고 나니 자신은 청각적인 사람이고, 여자 친구는 신체 감각적인 사람임을 알게 되었단다. 생각해보니 함께 데이트를 할 때 자신은 음악을 듣거나 소리에 민감했고, 여자 친구는 팔짱을 끼거나 손을 잡는 것을 좋아했다고 한다. 내 강의를 들은 후 그는 신체 감감적인 여자 친구를 배려하기 시작했다고 한다. 손을 잡고 팔짱을 끼고 데이트를 했더니 여자 친구는 정서적으로 만족감을 얻고 너무나 행복해하더란다.

그렇다면 상대가 시각적인 사람인지 청각적인 사람인지를 어떻게 알 수 있을까? 다음은 신경 언어 프로그래밍에서 분석한 그들의 특징이다.

시각적인 사람은 눈으로 세상을 많이 접하기 때문에 대체로 고개를 들고 많은 것을 보는 경향이 있다. 그래서 시각으로 들어온 수많은 정보를 빨리 소화해내기 위해 말이 대체로 빠른 편이며, 몸짓 또한 크다. 또한 이미지로 생각하고 말하는 경향이 있어 '그렇게 보인다', '명확하게 그린다', '안 봐도 비디오네' 등의 언어를 자주 쓴다고 한다. 그러니 시각적인 사람과 대화할 때는 상대가 머릿속에 이미지로 그릴 수 있도록 시각적 표현을 많이 사용하면 대화가 잘 통할 것이다.

청각적인 사람은 소리와 언어에 민감하다. 마치 귀를 쫑긋하듯이 약간 기울어져 있는 자세를 자주 취한다. 음악을 듣는 것과 이야기하는 것을 좋아하고, 대체로 논리적인 사람이 많다. 이들은 '알아들을 수 있게 이야기해봐', '말하다', '설명하다'라는 언어를 자주 쓴다. 또한 남에게 인정받고 칭찬 듣는 것을 좋아하는 편이니, 청각적인 사람과 대화할 때 유념하면 도움이 될 것이다.

신체 감각적인 사람은 많은 것들을 온몸으로 받아들이고 느끼는 경향이 있다. 그래서 움직이거나 말하는 속도가 다소 느리기도 하며 시선이 아래쪽으로 많이 향해 있다. 다른 사람 가까이에 서려고 하고, 뭐든 실제로 해보며 온몸으로 체험해 기억하는 편이다. 또한 대체로 목소리 톤이 낮고 차분하며 '느낌 좋다', '편하다', '감 잡았어?' 등의 언어를 자주 사용하기 때문에 이들과 대화할 때는 비슷한 언어를 쓰면서 보조를 맞추는 것이 좋다. 대체로 천천히 이야기를 해주면서 감정을 느낄 수 있는 이야기로 마주하면 좋은 결과를 얻을 수 있다.

## <선호 감각 유형별 특징>

| 선호 감각 유형 | 특징 |
|---|---|
| 청각 | 소리와 언어를 통해 정보가 처리된다. 귀를 쫑긋하듯이 약간 기울어져 있는 자세를 취한다. 음악 듣기와 이야기하는 것을 좋아하며, 대체로 논리적이다. 남에게 인정받고 칭찬 듣기를 좋아한다.<br>자주 사용하는 말 : 알아들을 수 있게 이야기해봐, 말하다, 설명하다 등 |
| 시각 | 머릿속으로 이미지를 만든다. 세상을 눈으로 많이 접하기 때문에 대체로 고개를 들고 많은 것을 보며, 수많은 정보를 빨리 소화해내기 위해 말이 빠른 편이며, 몸짓도 크다.<br>자주 사용하는 말 : 그렇게 보인다, 명확하게 그린다, 안 봐도 비디오네 등 |
| 신체 감각<br>(미각, 후각 포함) | 촉각이나 정서적 관점을 파악한다. 많은 것들을 온몸으로 받아들이고 느낀다. 행동이나 말하는 속도가 다소 느리며, 시선이 아래쪽을 향한다. 뭐든 실제로 해보며 온몸으로 체험해 기억하는 편이다. 대체로 목소리 톤이 차분하다.<br>자주 사용하는 말 : 느낌 좋다, 편하다, 감 잡았어 등 |

## 상대의 선호 감각 찾아내기

• 상대와 이야기를 하며 그 사람이 말하는 언어, 시선 등을 포착해 대략 어떤 감각을 선호하는지 파악하라.
• 나와 동일한 감각을 선호하는 사람이면 쉽게 라포르를 쌓을 수 있을 것이다.
• 나와 다른 감각을 선호하는 사람이면 상대의 선호 감각으로 이해하고, 그것에 맞추어 대화해보라.

예) 선호 감각 매칭
• 시각적인 사람일 때

• 신체 감각적인 사람일 때

# 긍정 언어로 마음을 움직여라

방송, 강의를 하면서 가장 보람된 순간은 "정말 좋은 말씀해주셔서 감사합니다" 하는 말을 들을 때이다. 그것이 설령 인사치레일지라도 분명 기분을 북돋워주는 원동력임에는 틀림없다. 그 얘길 듣고 더 열정적으로 일에 임하는 나를 보니 그렇다. 누군가 나에게 "감사합니다", "사랑합니다", "당신은 잘할 거예요"라고 말해주면 심장이 뜨거워지며 불끈 힘이 솟아나는 걸 느낀다.

이렇듯 늘 긍정 언어로 사기를 북돋아주는 사람을 '멀티플라이어(Multiplier)'라고 한다. 그에 반해 늘 비난하고 사기를 꺾어 함께 있는 것만으로도 숨 막히게 하는 사람을 '디미니셔(Diminisher)'라고 한다. 당신은 어떤 쪽인가?

살다 보면 멀티플라이어를 만날 때도 있고, 디미니셔를 만날 때도 있다. "최인호! 넌 아직 안 돼!"라고 말하며 더 해보려고 노력하는 나의 사기를 확 꺾어버린 사람도 있고, "난 네가 잘 헤쳐나갈 거라고 믿는다. 최인호잖아!" 하며 한순간 에너지를 확 끌어 올려주는 사람도 있다. 물론 상황에 따라 다를 수 있겠지만 나에게 에너지를 주는 말이 큰 도움이 된다는 것은 두말할 필요도 없다.

누군가에게 어떤 말을 들었을 때 그 말은 나의 '생각씨앗'이 된다. 생각은 감정에 반영되고, 감정은 태도에 반영되고, 태도는 성과에 고스란히 반영된다. "인호야! 난 네가 잘 헤쳐나갈 거라고 믿는다"라는 말을 들었을 때 '그래. 난 잘 헤쳐나갈 수 있어'라고 생각이 들면서 기분이 좋아지고, 힘이 차오르는 것을 느낀다. 그러고 나면 할 수 있다는 자신감으로 일에 더 열정을 갖고 임하게 되며 그것은 자연스럽게 좋은 결과물을 안겨준다.

이 프로세스는 내가 나에게 활용할 때도 놀라운 성과를 알려줄뿐더러 내가 누군가에게 일을 지시한다거나 조언을 해줄 때도 유용하다. 반드시 기억할 것은 긍정적인 성과를 심어주는 씨앗은 긍정의 언어라는 점이다.

말에는 놀라운 에너지가 있다. 2009년에 방영된 MBC 한글날 특집 실험다큐 〈말의 힘〉에서는 언어가 우리의 행동을 지배한다는 것을 잘 보여주었다. 젊은 남녀를 대상으로 특정 단어들을 보여줬는데, 노인을 연상시키는 단어를 본 그룹은 모두 행동이 느려지고 다소 쳐진 느낌을 안겨줬다. 반면, 젊음을 연상케 하는 단어를 본 그룹은 전보다 모두 걸음이 빨라지는 변화를 보여줬다.

미국 예일대학교의 존 바그 교수에 따르면, 특정 단어에 노출된 뇌는 실제 자극을 받은 것처럼 행동할 준비를 하는데, 그만큼 언어의 힘이 강력하다는 것이다.

긍정 언어에 관한 이야기를 하면서 에모토 마사루의 『물은 답을 알고 있다』라는 책 이야기를 안 할 수가 없다. 이 책은 긍정과 부정의 언어에 대한 물의 반응을 관찰한 실험에 대한 내용이다.

물에게 "사랑합니다", "감사합니다"라고 말하거나 권유형 등의 긍정 언어로 이야기를 하고 관찰했더니 보석처럼 빛나는 육각수의 결정이 보였다.

반면 미움, 증오, 명령형 등의 부정적 언어로 이야기를 하고 보니 아주 흉측한 모습의 결정이 관찰됐다.

"사랑합니다. 감사합니다"라고
말한 후 찍은
물의 결정

"넌 바보야"라고 말한 후 찍은
물의 결정

이 책은 어떻게 생명체가 아닌 물이 단순한 언어에 그렇게 반응할 수 있는지 큰 반향을 불러일으켰다.

이후 양파, 감자 등의 식물을 가지고 직접 실험한 동영상이 유튜브에 수없이 올라왔다. 양파, 감자, 고구마 등에 긍정 언어와 부정 언어를 사용한 실험 결과는 어땠을까? 긍정 언어를 들은 식물들은 싹이 쑥쑥 자라났고, 부정 언어를 듣고 자란 식물들은 썩거나 자라지 못해 키가 작았다.

하물며 물도 식물도 이런데 우리 인간은 어떠하겠는가? 수많은 실험 영상을 보면서 말의 힘에 대해 놀라움을 금치 못했다. 이처럼 말은 엄청난 힘을 가지고 있다. 단순히 내뱉는 말 한마디가 우리를 변화시킨다는 것이다. 그러니 내가 지금 마주하고 있는 상대의 마음을 움직이고 싶다면 언어를 신중하게 골라 사용해야 한다. 성공적인 결과를 원한다면 반드시 상대의 행동을 지배할 수 있는 긍정적 언어를 사용하라.

물론 긍정적인 언어를 100퍼센트 쓰기란 쉽지 않다. 이는 언어에 대해 크게 의식하지 않고 살아가기 때문이다. 이때 평소 자기가 자주 쓰는 말을 적어보자. 형용사나 동사에 부정적 표현이 있다면 그것을 긍정으로 바꿔보는 것이다.

"이렇게 하면 안 돼!"라고 지시나 명령형으로 말하는 대신 "난 네가 이렇게 되었으면 좋겠어" 하는 식의 긍정적 방향으로 표현하는 것이다. "내가 너 이럴 줄 알았다!"라기보다는 "그럴 수도 있지. 자, 우리 같이 해볼까?"로 말해보자.

계속 연습해보는 것이다. 내가 말한 표현이 부정인지 긍정인지 스스로 진단해보고, 부정이면 긍정으로 바꿔 말하는 연습을 꾸준히 하다 보면 언젠간 무의식적으로 긍정 언어가 체화될 것이다.

예를 들면, 내 아이가 혹은 회사 내 부하 직원이 유난히 부산스럽고 산만하다고 가정해보자. 이때 우리는 흔히 "오늘 왜 이리 정신 사나워?" 내지는 "너 오늘 왜 이렇게 산만해?"라고 말한다. 이 말을 긍정 언어로 바꿔보자. 굉장히 부산스럽고 산만한 상태를 긍정적으로 표현해보는 것이다.

"오늘따라 무척 활발하네?"

어떤가? 이렇게 이야기하면 상대의 자존심을 건드리지 않고 기분 좋게 변화를 이끌 수 있을 것이다. 연애든 비즈니스든, 내 앞의 상대와 긍정적인 방향으로 나아가기를 원한다면 긍정 언어로 상대의 뇌와 상대의 행동을 변화시켜야 한다.

# 부정적인 언어를 긍정으로!

- "너는 왜 이렇게 제멋대로야!"
  → "너는 참 자기 주장이 강하구나."
- "이랬다저랬다, 너는 너무 변덕스러워!"
  → "너는 참 유행에 민감하구나."

# 경청! 귀를 열면 마음도 열린다

'내 귀가 나를 가르쳤다. 나는 내 이름도 쓸 줄 몰랐으나, 타인에게 귀 기울이며 현명해지는 법을 알았다.'

칭기즈칸이 남긴 말이다.

경청! 참 쉬우면서도 어려운 일이 타인의 말을 듣는 것이다. 잘 듣다가도 어떤 말에 탁 꽂히기라도 하면 갑자기 귀가 닫히고, 나도 모르게 혼자만의 생각에 쉽게 빠지기도 하니까 말이다. 경청은 지금까지 말한 모든 기술을 활용하기 위해 전제되어야 하는 기술인 만큼 소통에서 가장 중요하다. 잘 들어야 상대를 파악할 수 있고, 상대와 공감할 수 있기 때문이다.

경청은 그냥 상대의 표면적인 언어만 듣는 것이 아니다. 상대의 마음의 언어를 듣는 것이 진정한 경청이다. 집중해서 듣다 보면 상대가 반복해서 이야기하는 단어들이 들릴 것이다. 그것이 상대방의 내면의 언어다. 무의식에서 나오는 가치관, 신념 같은 언어들……. 그걸 포착해내야 진정한 경청이라고 할 수 있다. 상대방 내면의 언어를 잡아냈다면 이제 그것을 중심으로 이야기를 풀어나가면 된다.

수강생 중 요리사가 있었다. 첫 수업이 끝나고 함께 이런저런 이야기를 나누었다. 고등학교 때부터 요리를 해온 그녀는 호텔에 근무하다가 곧 자신만의 브랜드 음식점을 오픈하려고 준비 중이라고 했다. 지금까지 그녀에게는 요리가 인생의 전부였다고 한다. 현재는 대학에 출강하는데, 강의를 하면서 조금씩 뭔가 부족함을 느꼈다고 한다. 그것이 무엇인지는 모르겠으나 뭔가 자신이 놓치고 가는 것이 있는 듯하여 답답하다고 했다.

그래서 내가 물었다.

"당신에게 요리는 무엇인가요?"

그녀는 한참만에야 한마디했다.

"잘 모르겠어요."

지금껏 요리만 해왔는데도 말이다. 그러고 나서 이런저런 이야기를 더 나누는데, 그녀의 입에서 반복되어 나오는 단어가 있다는 것을 알아챘다. 바로 '즐거움'이었다.

그래서 내가 물었다.

"즐거움이 당신에게는 어떤 의미죠?"

그랬더니 이 질문에 쉽게 답을 하는 것이다.

"그게 제 행복이거든요."

그녀는 두 눈을 동그랗게 뜨며 말을 이었다.

"어머! 선생님, 그러고 보니 제 가치는 바로 즐거움이네요. 그 즐거움을 추구하기 위해 저는 요리를 하고 있고요. 요리 외에 하고 싶은 것이 참 많은데 그 모든 중심에는 즐거움이 있어요. 앞으로 전 더 즐겁게 살 겁니다. 와! 감사해요, 선생님!"

헤어지고 난 뒤 30분쯤 후에 전화가 왔다.

"선생님, 그동안 찾지 못했던 걸 이제야 찾은 것 같습니다. 제 삶의 가치관을요. 정말 감사드리고 싶어 다시 전화했습니다. 열심히 하겠습니다. 감사합니다."

첫 만남이었음에도 불구하고 우리는 쉽게 라포르가 생겼다. 바로 마음이 연결되었기 때문이다. 내가 자신의 마음을 읽어줬기에 쉬이 나에게 마음을 활짝 연 것이다. 그녀와는 지금 둘도 없는 친구가 되었다.

이렇게 상대의 말을 잘 들어보면 상대의 마음이 보인다. 그러기 위해서는 단순히 상대의 말뿐만 아니라 어조, 표정 등을 함께 읽으며 들어야 한다. 그러면 상대방의 표면적인 말의 의미는 물론이요 상대의 가치관, 삶의 경험, 감정까지 알아차릴 수 있다.

"요즘 참 삶에 낙도 없고, 지루하고 그러네요."

"지루하다구요? 왜요? 무슨 일 있어요?"

"아니, 뭔가 딱히 재미있는 일이 없어서요."

"그럼 전에는 어떤 재미있는 일이 있었어요?"

"예전에는 많았죠. 음, 미국에서 공부할 때 힘들었지만 재미있었어요. 또 제가 한창 부동산 중개 쪽 일을 할 때도 재밌었어요. 사람들에게 소개시켜주는 일도 그렇게 보람되고……."

오랜만에 만난 지인과의 대화다. 부동산 관련 일을 했던 당시를 떠올리더니 생기 없던 얼굴에 갑자기 미소가 가득 퍼졌다. 표면적으로는 단순히 '부동산 중개 일을 했을 때가 재미있었어요!'로 들렸지만, 대화 속에서 드러난 그가 가치 있게 생각하는 것은 '사람들에게 소개시켜주는 일이 보람되었다'이다. 미국에서 공부하는 일도 재미있었다고 하니 어떤 '성취감'도 그에게는 가치관이다. 그럼 그가 느끼는 감정은 무엇일까? 다시 그때처럼 가슴 뛰는 일을 하고 싶은 열망이 크다는 것을 알 수 있다. 지금은 그것을 하지 않아 삶의 낙이 없고 자루하다고 느꼈던 것이다.

"그거 아세요, 오늘 저를 만난 후로 지금 이 순간 제일 많이 웃고 계시다는 거? 다시 그 일을 하고 싶으시죠? 어떻게 하면 될까요?"

그는 지금 다시 그 일을 하고 있다. 그리고 매일 활기찬 모습으로 제2의 인생을 살고 있다.

경청은 때로 상대에게 놀라운 변화를 가져다준다. 단순히 듣는 것만으로도 엄청난 위력을 발휘한다. 입장을 바꿔 생각해봐도 그렇다. 누군가 내 이야기를 주의 깊게 들어준다는 것은 참 고마운 일이다. 당연히 내 이야기에 귀를 기울여주는 사람에게는 쉽게 호감이 간다.

누군가의 마음을 열고 싶다면 가장 기본적인 에티켓, 경청을 하자! 일의 성과를 넘어 사람을 얻을 것이다.

# 에티켓의 기본, 경청하는 법

- 상대에게 주의를 집중한다. 절대 휴대전화를 보거나 창밖을 봐서는 안 된다. 반드시 눈을 마주보고 집중하자.
- 말의 언어를 비롯하여 표정이나 몸짓이 주는 언어를 함께 파악한다.
- 고개를 끄덕이며 되묻기 기술을 사용해 적절한 맞장구를 친다.
  "아! 그래?"
  "오, 그랬구나!"
- 상대의 반복된 단어를 포착한다. 그러면 상대의 내면의 언어가 들릴 것이다.
- 그에 대해 적절한 질문을 한다. 상대방의 생각을 더 진전시킬 수 있다.

# 질문으로 대화의 주도권을 잡아라

스피치를 하기 위해 대중 앞에 섰다. 대중 모두의 머릿속에는 각기 다른 생각이 유영하고 있을 것이다. 그럴 때 스피치에 집중시킬 초강력 기술이 바로 질문이다.

"여러분, 오늘 점심 뭐 드셨어요?"

사람은 질문을 받으면 의식이 따라가게 되어 있다. 질문을 듣는 순간부터 모두 답을 찾기 시작한다. 나도 모르게 아무 생각하지 않고 있다가 '내가 점심에 뭐 먹었지?'를 머릿속에 떠올린다. 그리고 답을 한다. "콩나물국밥이요", "김치찌개요" 등등으로…….

자, 이제 스피치를 할 세팅은 되었다. 모두 집중을 했으니까!

내가 스피치를 강의하면서 공식처럼 하는 이야기가 있다. 바로 청중을 사로잡는 스피치의 본질, '맨 처음 질문으로 청중을 사로잡아라!'이다.

물론 방송 중에도 엠시인 내가 주도권을 갖고 대화를 이끌어가야 한다. 사실, 방송의 대담이라는 것이 방송작가의 손에 의해 내용이 미리 전달되고, 출연자는 어떤 내용을 말할 것인지 머릿속에 담아오지만, 그래도 예외란 있는 법이다.

방송 진행자의 몫은 최대한 중립을 지키면서 게스트의 발언을 공평하게 듣는 것이다. 게스트가 한 사람일 경우에는 문제가 되지 않지만, 게스트가 두세 명 이상일 때는 진행자의 몫이 가장 중요하다. 한쪽으로 치우치지 않고 공평하게 발언권을 줘야 한다는 것이다. 그런데 그것이 여간 어려운 일이 아니다. 한 번 이야기가 술술 터지면 좀처럼 타인에게 발언권을 양보하지 않는 사람이 더러 있다. 마치 노래방에서 한 번 마이크를 쥐면 놓지 않는 것처럼 말이다. 필 한번 제대로 받은 양, 이때가 기회다 싶어 발언권을 놓지 않는 것이다.

그럴 때 진행자는 적절히 출연자의 말을 끊고 얼른 다른 게스트에게 마이크를 넘겨주어야 한다. 그런데 이때, 자칫 잘못하다가는 말하는 사람의 기분을 상하게 할 수도 있고, 그래서 전반적으로 방송의 분위기를 해칠 수도 있으니 유연하게 대처해야 한다.

이럴 때 가장 좋은 기술이 바로 질문이다. 상대의 이야기를 듣고 있다가 질문을 던지는 것이다.

"아! 그렇군요. 이 부분에 대해서 B씨는 어떻게 생각하세요?"

그러면 먼저 말하는 사람의 이야기 맥락을 그대로 이어갈 수 있고, 전체적 흐름도 자연스럽다. B 역시 계속 A의 이야기를 들으며 그 부분에 대해서 자신의 생각을 정리하고 있었을 것이기에 B의 발언도 자연스럽게 나올 가능성이 크다. 그리고 또 계속 듣다가 정리

멘트를 해주고, C의 이야기도 물어보는 것이다.

이렇게 되면 어느 한쪽으로 치우치지 않는 대화가 오가며 여기서 가장 중요한 포지션이 자연스럽게 내가 된다. 모두가 나의 진행에 의지하며 서로 자기에게 발언권이 오기를 기다리게 되는 것이다.

TV 토크쇼 프로그램의 명엠시들을 보자. 명엠시일수록 자기 이야기를 많이 하지 않는다. 게스트들의 말을 한 번씩 정리해주고 다른 게스트에게 마이크를 자연스럽게 넘겨준다. 그것이 몇 차례 반복되다 보면 자연스럽게 룰이 정해지고, 모든 게스트가 그에 맞춰 질서를 지키게 된다.

어느 모임에 가보면, 중구난방으로 서로 자기만의 발언을 하기 시작한다. 그러다 꼭 누구의 독무대가 되어버린다. 그럴 때는 내가 엠시가 되어 대화의 주도권을 잡아보자. 모임에 나갔다고 생각하

고, 그 모임에서의 주도권을 잡아보는 연습을 해보자. 누군가 혼자서 오랫동안 이야기를 하고 있는 것 같고 주변 사람들 표정이 제발 그만해줬으면 하는 비언어를 보인다. 그럼 재빨리 재치 있게 "아, 그런 일들이 있었군요. 옆에 계신 홍길동 씨는 어때요?"라고 질문을 던지며 마이크를 넘겨줘라.

물론 사람마다 성향이 다르듯이 남의 얘길 듣는 것을 더 좋아하는 사람도 있게 마련이다. 모든 사람의 의견을 골고루 듣겠다고, 할 말이 없는 이에게 자꾸 말하라고 부추기는 우를 범해서는 또 안 된다. 무례하다는 느낌을 받아 오히려 더 좋지 않은 반응을 얻을 수 있다. 그러니 마이크를 넘겼는데 머뭇머뭇 말하기를 꺼려한다면 "맞아요. 저도 거기에 대해서 별 할 말이 없을 것 같아요" 혹은 "그것에 대해 생각하는 동안 그럼 제 이야기를 먼저 해볼게요" 하는 식으로 배려의 진행을 해야 한다. 하지만 그렇다고 한마디도 하지 않게 방치해서는 안 된다. 아무리 말하기를 좋아하지 않는 사람일지라도 한두 마디 정도는 하면서 그 모임에 나도 참여하고 있다는 것을 느끼게 해줘야 한다.

# 질문으로 명엠시 되기

• 대화의 주도권을 잡고 이끄는 방법

다루고 싶은 주제를 이야기하고 질문한다. "요즘 어떻게 지내세요?"라고 구체적인 내용 없이 질문을 던지면 모두가 자기 위주의 답변을 할 수 있다. 다행히 내가 꺼내고 싶은 이야기와 비슷한 주제라면 대화가 쉽게 풀린다. 그러나 내가 이야기하려는 주제와 거리가 먼 이야기를 꺼내면, 들어주고 맞장구 쳐주느라 한참을 돌아와야 한다. 그러니 내가 이야기하고 싶은 주제의 방향을 먼저 알려주는 것이다. 예를 들어 대화의 주제를 '여행'에 맞추고 싶다면, "요즘 가을 날씨가 정말 좋아서 지난 주말 가족들과 수목원에 다녀왔거든요. 홍길동 씨는 요즘 어떻게 지내세요?" 하는 식으로 대화를 이끌어간다. 대화의 주제를 '워크숍'에 맞추고 싶다면, "요즘 어떻게 지내세요? 이번 주 회사에서 워크숍을 가는데 워크숍 준비하느라 전 요즘 참 바쁘네요" 하는 식으로 대화를 이끌자.

• 상대가 두 명 이상일 때 정리하는 기법

① 상대의 말을 잘 듣고 그 말을 한두 문장으로 요약한다.

"아, 그러니까 이러이러한 이야기군요!"

② 그 말에 대해 어떻게 생각하느냐며 다른 사람에게 질문한다.

"이 부분에 대해서 홍길동 씨는 어떻게 생각하세요?"

③ 모두의 이야기를 ①과 ② 방식으로 들어본 후, 마지막으로 자신의 의견을 덧붙여 모두의 의견을 종합해 마무리한다.

"아 모두의 이야기들을 들어보니 이러이러한 생각들이시네요. 제 생각에도 이러이러하다고 봅니다."

**11**

# 긍정적 피드백으로 상대를 이끌어라

며칠 전 지하철을 타고 가는데 서너 살쯤 되어 보이는 여자아이가 계속해서 엄마에게 떼를 썼다. 보채는 강도가 점점 심해지자 지하철 안 승객들이 한둘씩 아이와 엄마를 쳐다볼 지경에 이르렀다. 그렇게 승객들의 시선을 한 몸에 받은 엄마가 드디어 화를 참지 못하고, 아이를 따끔하게 혼냈다. 엄마의 야단에 조용해질 것 같았던 열차 안은 아이의 울음소리로 전보다 훨씬 더 소란스러워졌다. 이내 아이의 엄마는 더 큰 소리로 "너! 엄마가 그러지 말라고 했지! 뚝 못 그쳐? 어?" 하는 것이다. 엄마의 야단에 아이가 울음을 그칠 리 없다. 다행히 목적지에 다 와서 내린 것인지, 아니면 승객들에게 미안해서인지 엄마는 부랴부랴 아이를 데리고 열차에서 내렸다.

그 엄마의 뒷모습을 보자니 마음 한구석이 짠했다. 불과 몇 년 전 나 역시도 비슷한 경험이 있었다. 내 딸이 세 살 때였다. 딸아이와 옷가게에 들어갔는데 그날 비가 내려서 나는 한 손에 접은 우산을 들고 있었다. 그런데 갑자기 딸아이가 우산을 낚아채더니 가게 안을 돌아다니는 것이다. 그러다가 우산을 확 펴서는 이곳저곳을 휘젓고 다녔다. 우산에는 빗물이 남아 있었으니 말 안 해도 알 것이다.

가게 바닥 이곳저곳에 빗방울이 튀기 시작했다. 주인은 물론 손님들이 하나둘씩 눈살을 찌푸리기 시작했다. 나는 큰 소리로 "하지 마! 그만해!"를 몇 번 얘기했지만 세 살 아이에게 어디 그 말이 통하겠는가. 급기야 나는 아이를 질질 끌고 밖으로 나와 한참을 소리 지르기 시작했다.

나의 화가 조금 풀렸을까. 함께 옷가게에 갔던 여동생이 그런 내 모습을 보고 한마디했다. "언니! 엄청 교양 없는 엄마 같아. 아이한테 그렇게 말하는 엄마가 어딨어?"

아이를 혼내면서 내 가슴 한구석 역시 여동생과 같은 생각이 있었다. 그러나 그 순간 화를 참을 수가 없어 알면서도 그렇게 표현할 수밖에 없었다. 나는 동생에게 한마디했다.

"너도 애 키워봐라. 이성적으로 제어가 되나? 후후."

이후 아이를 키우며 점차 알게 되었다. "너! 엄마가 그러지 말라고 했지?"라는 엄마의 말은 아이에게 통하지 않는다는 것을……. 이 말은 아이의 자존심만 상하게 할 뿐 어떠한 행동의 변화도 가져오지 않는다.

딸아이가 네 살 무렵부터 나는 심리학 공부를 시작했다. 그 덕분에 나의 대화 방식이 조금씩 변하게 되었다. 아이가 잘못을 했을 때 "너! 왜 이렇게 했니?"라는 'YOU 메시지'를 하는 대신 자존심을 건드리지 않는 'I 메시지'로 대화를 하기 시작했다.

"엄마가 볼 때 말이야, 우리 딸이 장난감을 가지고 놀다가 치우지 않고 TV를 보고 있어서 방 안이 어질러졌네. 그래서 엄마가 넘어질 뻔했어. 엄마는 방 안이 깨끗해지면 좋겠다. 어떻게 하면 될까?"

처음에는 큰 효과가 없었다. 그러나 점점 아이가 자라면서 이 대화법은 효과를 나타내기 시작했다. 정말 이 대화법은 엄마가 아이에게 소리 지를 에너지를 소비하지 않고도 아이의 행동이 개선되는 놀라운 기술이다.

다시 위 대화를 들여다보자. 'YOU 메시지'는 주체가 YOU이다. 딸아이가 잘못을 했을 때 "너! 왜 이렇게 했니?"는 주체가 '너'인 것이다. 이럴 때 상대는 굉장히 자존심을 다치게 되고, 기분 나빠하게 된다. 그 감정 상태로는 긍정적 개선이 어렵다.

I 메시지를 들여다보자. 대화의 맨 처음 "엄마가 볼 때"라고 말을 시작한다. 주체가 '나'인 것이다. 즉, 순전히 나의 입장에서 말을 건네는 것이다. 이때 상대의 자존심은 건드리지 않게 된다. 또한 객관적인 시선으로 있는 그대로의 상황을 얘기한다. 상황 때문에 벌어진 효과를 말한 후 이제 원하는 상태를 말해주면 된다. 그러면 아이는 스스로 생각한다. 그리고 선택하게 된다. 선택은 책임감을 불러온다. 그래서 스스로 책임감을 갖고, 행동의 변화를 시도한다. 이것이 긍정적인 피드백 기술이다.

I 메시지는 결코 쉬운 기술이 아니다. 나 역시 처음에는 습관이 되지 않아서 실수가 잦았다. 순식간에는 나도 모르게 '너'가 튀어나왔다. 이럴 때는 당황하지 말고, "내가 볼 때는"이라고 얼른 주체를

나로 고쳐 다시 말하는 습관을 들이면 된다.

I 메시지가 습관화되기까지는 어느 정도 시간이 필요하다. "내가 볼 때는"이라는 말 뒤에 무슨 말을 해야 할지 몰라 머뭇거리기도 하고, 엉뚱한 말이 튀어나오기도 한다. 하지만 수차례 실수하고 당황하고 바로잡기를 하다 보면, 머지않아 의식하지 않아도 I 메시지 화법으로 대화를 하게 된다. 그래서 그런지 내 딸은 바르게 잘 자라고 있다는 생각이 든다, 긍정적으로!

공식처럼 풀어보면 이렇다. 먼저 "내가 볼 때는", "내 생각에는"을 발전시켜 "나의 주관적인 생각은 이래요", "내 말이 꼭 옳다는 건 아니에요"라는 식으로 상대가 느끼기에 저항감이 들지 않게 시작하는 것이다. 그리고 이어서 있는 그대로의 상황을 묘사해준다.

"우리 딸이 장난감을 가지고 놀다가 치우지 않고 TV를 봐서 방 안이 어질러졌네"라고 정말 있는 그대로의 상황을 표현한다. 그러면 상대는 '내가 그랬나?'라는 생각을 하게 되고, 그 상황을 인식하는 계기가 된다. 그러면 바로 이어서 이 상황으로 일어난 결과, 효과를 말해준다.

"그래서 엄마가 넘어질 뻔했어."

그리고 내가 바라는 것을 말하면 되는 것이다.

"엄마는 방 안이 깨끗해지면 좋겠다."

마지막으로 스스로 인식하고 선택하게 하는 질문을 붙인다.

"어떻게 하면 될까?"

직접적인 비난과 질타가 아닌 스스로 상황을 인식하고 자각해 행동의 변화를 선택하게 하는 대화법이다. 이 탁월한 대화법은 직장생활에서도 꽤 유익하게 사용할 수 있다. 내일까지 기획서를 완성하여 상사에게 보고해야 하는데 아직도 부하 직원이 지지부진이다. 이때 당신은 어떻게 할 것인가?

"내가 볼 때 이번 건은 우리 회사의 사활이 걸려 있는 아주 중요한 일이네. 이 기획서 마감이 내일까지인데, 아주 멋진 결과를 얻었으면 좋겠어. 어떻게 하면 될까?"

이렇게 말해보자. 물론 쉽지 않다. 하지만 위 공식대로 차분히 대입해 표현해보자. 흔히 우리가 겪고 있는 다소 부드럽지 못한 상황이 아니라 훨씬 부드러우면서도 깨달음이 있는 대화가 될 것이다.

"자네 말이야, 지금 한가하게 커피나 타먹을 시간 있어?"

이런 훈계, 지시, 비난은 이제 그만. "이 기획서 마감이 내일까진데 어떻게 하면 되겠나?"라는 질문을 받았을 때 스스로 인식하고 선택하게 만들어야 한다. 바로 야근을 해서라도 내일까지 끝내야 한다는 것을……

나는 이 대화법으로 좋은 결과를 많이 이끌어냈다. 그렇기에 I 메시지의 놀라운 효과를 장담한다.

# 간단하게 하는 I 메시지 화법

- 내 생각에는

  "내가 볼 때는", "내 생각에는" 하는 식으로 내가 주체가 되어 말한다.

- 상황

  있는 그대로의 상황을 묘사한다.

- 결과와 효과

  그 상황으로 인한 결과와 효과를 말한다.

- 기대한 목표

  내가 원하는(바라는) 상태를 말한다.

- 선택 질문

  "어떻게 하면 될까?"라고 질문한다.

Part 4

# How to win?
## _Confident·당당하게

# 모든 사람에게 사랑받지 않아도 된다

어떤 이가 나를 미워한다는 사실을 알았을 때, 그것은 참 견디기 힘든 고통이다. 내가 뭘 그리 잘못했다고? 너무 억울하기에 당장 그 사람을 쫓아가 따져 묻고 싶다. 이런 감정은 어린 시절에 더 심했다.

별다른 굴곡 없이 무난하게 자란 나는 누군가 날 미워하거나 원망하는 걸 겪어보지 못했다. 대학을 졸업하고, 방송을 시작하며 본격적인 사회생활을 시작했을 때 사방이 적이었다. 어느 분야든 마찬가지겠지만 방송계는 경쟁이 더 치열하다. 겉모습은 화려해 보이나, 그 안의 실상은 먹고 먹히는 야생 정글처럼 살벌하기 그지없다. 어린 나이여서 더 그렇게 느꼈을지도 모르지만, 어쨌든 방송계의 생리를 이해하고 적응하는 데 나는 꽤 오랜 시간을 소비했다.

사소한 의견 차이로 논쟁이 벌어지고, 뜻하지 않게 누군가에게 상처를 주기도 하고, 그렇게 사람과 부대끼며 나 또한 많은 상처를 받았다. 그런데 그런 상황이 그렇게 힘들 수가 없었다. 내가 뭘 그리 잘못했다고 날 그렇게 미워할까? 그 사람이 나를 원망하고 있다니, 견딜 수 없이 마음 아팠다. 억울하기까지 했고, 다시 그 마음을 되돌리려 무던히도 애를 써보았지만, 그럴수록 내게 돌아오는 건 더 큰 상처뿐이었다. 그러던 어느 날 방송작가 선배가 나에게 한마디를 툭 던졌다.

"인호야! 모든 사람에게 다 사랑받지 않아도 돼!"

쿵! 그 순간 내 가슴속 한구석에 뭉쳐 있던 무언가가 깨지는 느낌이었다. 머릿속에 가득 찬 걱정거리가 깨끗이 제거된 기분이었다. 양어깨를 짓누르던 커다란 바윗덩이가 내게서 떨어져나가는 기분이었다. 정말 그렇게 홀가분할 수가 없었다.

"정말? 모든 사람에게 다 사랑받지 않아도 돼?"

그 말이 어쩜 그렇게 위안이 되었던지! 그 말을 곱씹으며 내가 그동안 얼마나 어리석었는지 알게 되었다. 정작 나는 모든 사람을 좋아하지 않으면서, 왜 모든 사람에게 사랑받으려고 애썼을까? 얼마나 이기적인 마음이었는지를 뒤늦게 깨달았다.

이 세상에 나와 다른 가치관을 가지고 살아가는 사람이 얼마나 많겠는가? 생김새도 다르고 자라온 환경도 다르다. 그러니 각자 생각하는 것도 다 다를 텐데, 왜 그토록 나에게만큼은 한결같기를 바랐던 걸까?

그 선배의 말은 이후 내 삶에 많은 변화를 가져왔다. 내 의견에 반대하는 사람들, 자신과 맞지 않다며 나를 멀리하려는 이들을 만나면 나는 그냥 편하게 생각했다.

'그래, 나와 다른 사람인가 보구나!'

그냥 그걸로 끝이다. 예전 같으면 '왜 그 사람은 이걸 이해 못하지?', '왜? 내가 맘에 안 드나?', '왜? 내가 무슨 잘못을 했기에?' 등등의 생각으로 끙끙 앓았을 판이다. 하지만 다름을 인정하고 나니까 마음이 그렇게 편할 수가 없었다. 그리고 그동안 나를 아끼고 사랑해준 사람들에게 참 소홀했다는 사실도 깨달았다. 거의 모든 에너지를 '어떻게 하면 나와 맞지 않는 사람들의 마음을 돌릴까?' 하는 데에 쏟았던 것이다.

프리드리히 니체도 말했다.

"모든 사람에게 사랑받지 않아도 된다. 자신에 대하여 생리적 혐오를 가진 상대에게 아무리 정중히 대해도, 그 자리에서 자신에 대한 생각이 달라지지는 않는다. 결국에는 도리어 무례한 놈이라 여겨질 뿐이다. 반드시 모든 이로부터 사랑받아야 한다고 생각하지 말라. 이러한 때에는 무리하게 애쓰지 않고, 평소의 자세로 담담히 지내는 것이 최선이다."

이성을 만날 때도 마찬가지다. 무슨 얄궂은 운명인지 꼭 내가 좋아하는 사람은 대체로 날 좋아하지 않는다. 그렇지 않은가? 그래서 우리는 참 많은 상처를 받고 산다. 그런데 이것 역시 이렇게 생각하면 된다.

'나 역시 누군가를 좋아하고 누군가를 싫어한다!'

한번 생각해보자. 꽃집에 갔다. 솔직히 어느 꽃이든 모두 아름답고 향기롭다. 그중 나의 기호에 따라 가장 마음에 든 꽃을 산다. 그럼 나에게 선택되지 않은 꽃들은 예쁘지 않은 건가? 그렇지 않다.

그 꽃들은 나와는 또 다른 누군가에게 가장 예쁜 꽃으로 선택될 아름다운 꽃이다. 그뿐이다.

누군가를 좋아하고 싫어하는 것 역시 저마다의 기준에 의해 선택되는 것일 뿐이다. 내가 상대에게 좋은 이미지로 비춰지지 않는다고 해서 괴로워할 일은 아닌 것 같다. 단지 나와 맞지 않을 뿐이지 내가 못나서가 아니라는 말이다. 그렇게 생각하면 마음이 편안해진다.

물론, 누군가와의 관계가 원만하지 않았을 때 더 이상 노력하지 않은 채 '오케이! 너와 나는 성향이 다른 것뿐이야!'라고 생각하고 그대로 방치하라는 것은 아니다. 만일 두 번 다시 보지 않아도 될 사이라면 그 관계를 좁히기 위해 애쓰기보다는, 나를 좋아하고 나와 좋아질 수 있는 관계에 더 에너지를 쏟으면 된다. 그런데 같은 직장에서, 한 가정에서 두고두고 함께해야 할 사이라면 당연히 정성을 다해야 한다. 라포르 쌓는 기술을 더 연마하면 되는 것이다.

요컨대 핵심은, 사람에게 너무 상처받지 말자는 것이다. 모든 사람에게 사랑받지 않아도 되니까. 이제부터 나를 사랑해주는 사람들에게, 내가 사랑하는 사람들에게 정성과 노력을 더 기울여보자.

## 온몸으로 자신감 발산하기

절대로 밀리고 싶지 않는 상대를 만나러 갈 때, 당신은 어떻게 하는가? 나는 눈 화장이 진해진다. 헤어스타일에서도 평소보다 살짝 더 힘을 주고, 옷 역시 과감한 디자인이나 색상을 선택한다. 상대가 나를 절대 만만하게 보지 못하도록 하는 나만의 전투복전략이다.

사랑하는 사람을 만나러 갈 때는? '샤방샤방' 눈부시게 나를 치장한다. 한눈에 사랑에 빠질 듯한 느낌의 하늘거리는 원피스에 여성스러움이 묻어나는 화장을 하고 나간다. 이렇게 상대가 누구냐에 따라 나는 치장전략을 달리한다.

지인 중 한눈에 봐도 카리스마가 넘쳐나는 여자 교수님이 있다. 키가 170센티미터를 훌쩍 넘는 그녀는 직선으로 딱 떨어지는 쇼트커트 헤어스타일을 하고 있다. 머리부터 발끝까지 그녀의 패션 칼라는 블루이거나 블랙이거나 그레이이다. 착용하는 액세서리와 소품까지 모두 차갑고 어두운 색상이다. 영화 〈매트릭스〉의 여주인공 트리니티를 연상하게 한다. 다시 떠올려봐도 정말 딱 그 여배우다. 이건 모두 그녀의 의도된 이미지 메이킹이다. 그녀는 남학생들이 대다수인 대학에서 동등한 입장으로 소통하고 싶어서 일부러 그렇게 하고 다닌다고 한다.

주변을 둘러보라! 그녀처럼 때와 장소에 따라 자신을 카멜레온처럼 이미지 메이킹하는 사람이 꼭 있다. 단언컨대 그들은 분명 타인과 소통하는 법을 잘 알고 있는 프로다. 상대에게 이런 모습으로 비춰졌으면 좋겠다는 어떤 상이 있다면 일단 이미지 메이킹을 시도해보라.

패션이나 헤어스타일 등으로 나를 표현하면 일단 스스로의 마음가짐이 달라진다. 그렇게 겉과 속을 일치시키면 상대에게 내가 의도한 아우라(Aura, 어떤 사람이나 장소에 서려 있는 독특한 기운)가 어느 정도 비춰진다.

우리는 흔히 어떤 연예인을 보고, 뒤에 후광이 비쳤다느니, 아우라가 장난이 아니라느니, 이런 이야기를 한다. 그런데 연예인들이라고 이런 후광이나 아우라가 그냥 생기는 게 아니다. 자신을 대중에게 어필하고 자리매김할 이미지 메이킹을 위해 부단히 노력한다. 대중에게 어필됐다면 결국 자신을 표현해낸 이미지 메이킹에 성공했다는 이야기다.

"겉모습만 치장한다고 될까?"라고 반문하고 싶은 이도 있을 것이다. 물론, 그렇지 않다. 하지만 외적인 이미지 메이킹이 상대에게 절반 이상 먹힌다는 사실을 알아야 한다.

이제 내면의 이미지 메이킹 이야기로 넘어가보자. 내면의 이미지 메이킹이란, 한마디로 에너지관리다. 내 안에는 그때그때 달라지는 여러 에너지가 존재한다. 때로는 사랑스러운 러버(Lover) 에너지, 때로는 활활 타오르는 킹(King)의 에너지, 때로는 누군가를 치유해주는 마법사(Magician)의 에너지, 그리고 용기 있게 도전하는 전사(Warrior)의 에너지 등이 있다. 우리 모두에게 이 에너지가 존재한다. 우리가 몰랐거나 알고 있더라도 애써 활용하지 않았을 뿐이다. 이것을 잘 다룰 줄 안다면, 상황에 따라서 혹은 만나는 상대에 따라서 적재적소에 내가 원하는 에너지를 꺼내어 활용할 수 있다.

음악회 진행을 한창 했을 무렵이다. 당시 악몽 같은 데뷔전을 치른 이후 두 번째로 맡은 음악회 사회인지라 사실 나는 너무나 떨렸다. 나는 잘해내고 싶은 욕심에 내 안의 모든 에너지를 깨우는 데 온 힘을 쏟았다.

무대 위에서 청중과 호흡하며 음악회를 이끌고 가기 위해서는 킹의 에너지가 필요했다. 내 안의 킹의 에너지를 깨우고, 끌어내고, 충전시키기 위해 나는 한류 스타들의 공연 영상물을 수없이 봤다. 수천만 명이 지켜보는 무대 위에서 화려하게 자신의 끼를 유감없이 발휘하는 한류 스타들! 국내뿐만 아니라 세계 어디를 가도 당당하고 멋진 그들의 영상을 보면서 나는 한껏 킹의 에너지를 느꼈다.

"아, 저 친구들 봐! 나보다 훨씬 어린 나이에도 불구하고 저렇게 잘하다니? 그래! 나보다 어린 이 친구들도 이렇게 잘하는데 나라고 못할 게 뭐 있나? 할 수 있어! 이들이 피나는 연습을 했듯이 나도 연습을 하자. 잘할 수 있어!"

영상을 보는 내내 나는 내게 최면을 걸듯 용기를 북돋았고, 그들이 무대 위에서 펼쳐 보이는 표정 · 목소리 · 손짓 · 몸짓 · 시선 처리까지 모두 포착해서 내 것으로 만들려고 애썼다. 눈을 감고 마치 그 무대에 내가 서 있는 듯 이미지 트레이닝을 병행하면서……. 그렇게 음악회 무대에 선 나는 한껏 충전된 킹의 에너지로 멋지게 진행을 마칠 수 있었다.

상황에 따라 내가 원하는 에너지를 만드는 것, 그것이 중요하다. 내 안에 있는 에너지를 찾아 꺼내거나 또 부족하다 느낄 때는 외부에서 끌어다 더하기도 한다. 한류 스타들의 모습에서 찾아낸 킹의 에너지를 내게 갖다 붙이듯이 말이다.

일을 마치고 가족들 품으로 돌아갈 때는 어떨까? 그럴 때는 사랑 에너지를 꺼낸다. 부족하다 싶을 때는 주변에서 사랑 에너지가 가득 찬 사람을 떠올려 그의 행동, 표정, 말투 등을 하나하나 내 안에 채워넣는다. 그리고 내가 원하는 에너지를 더 강화하고 싶을 때는 단어들을 활용한다. 예컨대 사랑 에너지를 키우고 싶을 때는 헌신적인, 자비로운, 사랑스러운, 아름다운, 배려하는, 따뜻한, 돌보는, 부드러운, 온화한, 사랑이 넘치는 등의 언어를 머릿속에 떠올리거나 중얼거린다.

"나는 자비로운 사람이다. 나는 아름답다. 나는 남을 배려하는 사람이다. 나는 사랑스럽다."

당신도 분명 자신이 내뱉은 주문의 마법에 걸릴 것이다.

지금 누군가와 담판을 지으러 가는가? 중대한 협상을 하러 가는가? 상대에게 주눅 들지 않기 위해 당신에게 필요한 에너지는 무엇인가? 적재적소에 필요한 에너지를 잘 꺼내 쓰자.

# 적재적소에 필요한 에너지의 종류

- 자신만만한 킹 에너지

  눈을 감고 내 깊은 곳에 잠재한 킹 에너지를 찾는다. 함께하는 사람들을 통솔하는, 자신감 있는 킹의 에너지를 지닌 사람을 떠올린다. 내가 마치 그 사람이 된 것처럼 상상해본다. '나는 신뢰할 수 있는 사람이다', '나는 정확하고 영리하고 전략적인 사람이다'라고 되뇌며 킹의 에너지가 차오름을 온몸으로 느껴보자.

- 사랑하는 사람을 만나러 갈 때는 사랑스러운 러버 에너지

  눈을 감고 내면 깊은 곳의 러버 에너지를 찾는다. '나는 다정하고 친절한 사람이다'라고 되뇐다. 잘되지 않을 때는 러버 에너지가 가득한 지인을 떠올리며 내가 그 사람이 된 것처럼 상상해본다. '나는 공감을 잘하고 남을 잘 배려하는 사람이다', '나는 남을 잘 돌보고 온화하고 사교적인 사람이다'라고 되뇌며 러버 에너지를 강화하자.

- 누군가를 치유하고 변화시킬 때는 마법사 에너지

  눈을 감고, 내면 깊은 곳의 마법사 에너지를 찾는다. 누군가 상담을 요청했을 때나 누군가를 변화시키고자 할 때 이 에너지를 꺼낸다. '나는 깊이 있고 현명한 사람이다'라고 되뇌며 신비롭고, 이해심이 깊고, 혁신적인 변화를 이끌어내는 마법사의 에너지를 온몸에 장착해보자.

- 용기 있는 전사 에너지

  눈을 감고 나의 내면에 잠자고 있는 전사 에너지를 찾는다. 전쟁터의 전사처럼 무언가를 진취적으로 이끌어가야 할 때 이 에너지를 심는다. '나는 강인한 사람이다. 나는 모험심이 있다. 나는 도전적이고 단단한 사람이다'를 되뇌며 두려움 없이 힘차게 앞으로 나아

가는 전사의 에너지를 강화하자.

★ 어떤 사람을 만나든 그 상대에 따라 내게 필요한 에너지를 찾아 강화해보자. 처음엔 쉽지 않고 어색할 수 있다. 그럼에도 계속 내게 모든 에너지가 있다고 믿어보자. 눈을 감고 내 안의 에너지를 찾아보자.

## 03

# 위트 있는 첫마디로 시선을 끌어라

신혼 초 가장 난감했던 일은 바로 국에 간을 하는 것이었다. 어머니의 지시대로 육수도 진하게 우려냈고, 요리책에 적힌 레시피대로 똑같이 양념을 했는데 왜 맛이 그리도 다른 건지, 짜거나 싱겁거나 깊은 맛이 없거나 했다.

간 맞추기는 아침마다 나를 꽤 힘들게 했다. 싱거운 것 같아 간장을 더 넣었다가, 이제는 짜서 물을 다시 부었다가, 한 냄비는 두 냄비로 늘어나고, 그렇게 아침마다 얼마나 전쟁을 치렀는지 모른다. 혹독하게 양념과의 싸움을 벌인 덕에 몇 개월 후에는 다행스럽게도 먹을 만하게 간을 맞출 수 있었지만, 사실 그 역시 내 입맛일 뿐이다. 어쨌든 음식에 마술을 부리는 신의 손! 같은 재료로 만들었지만 그 결정을 짓는 신의 한 수가 바로 양념이다.

말을 음식에 비유해보면 그렇다. 같은 소재, 같은 내용의 말이라도 어떤 사람이 하느냐에 따라 재미가 달라진다. 밋밋한 음식에 한 스푼의 양념이 혀끝에 감동의 마술을 부리듯, 밋밋한 말 역시 위트라는 양념을 적절히 가미하면 좌중을 휘어잡는 맛깔난 이야기가 된다. 흔히 우리가 말 잘한다고 인정하는 사람들을 보면 모두 한결같이 유머러스하고 재치를 구사할 줄 안다.

제아무리 잘생겼어도 말 잘하는 사람을 이기지는 못한다. 시종일관 번뜩이는 위트로 청중을 압도하는 사람들을 보면 경이로움마저 느껴진다. 실제로 개그맨들이 미인과 결혼한다는 정설은 깨지지 않고 있지 않은가?

나는 요리 연구가 이혜정 씨의 말이 그렇게 맛깔스러울 수 없다. 그녀가 만드는 음식은 굳이 맛보지 않아도, 그녀의 설명만으로도 입에 착착 달라붙는다. 음식에 대한 설명을 어쩌면 그리도 쫀득하게 잘 구사하는지…… 그 덕분에 그녀는 요리 솜씨뿐만 아니라 재치있는 입담으로도 대중의 사랑을 받고 있다. 꽈리고추에 양념이 배고 수분이 나오게 하려고 꽈리고추에 포크로 구멍을 숭숭 내며 그녀가 말한다.

"누굴 생각하면서 포크로 찌를까요? 하하, 그래서 옛날 우리 어머님들이 북어를 그렇게 두드리셨나 봐요!"

새로운 요리를 선보이면서 그녀는 말한다.

"만들어보시고 맛없으면 다음에 안 만들면 되잖아요. 다른 거 또 만들면 되니까. 걱정하지 마시고, 스트레스 받지 마시고, 있는 재료로 재미있게 아이들 찰흙놀이 하듯 그렇게 하면 돼요."

같은 말이라도 재치 있게 표현할 줄 아는 사람, 누구나 공감할 수 있는 말로 자연스러운 웃음을 유도하는 사람, 이들의 공통점은 모두 위트가 있다는 것이다. 위트는 딱딱한 비즈니스 미팅에서 분위기를 환기시켜 좋은 방향으로 유도하고, 일상적인 모임에서도 활기찬 생기를 불어 넣어주는 요긴한 수단이다.

그런데 위트 있는 말솜씨라는 게 타고나지 않으면 쉽지 않다. 물론, 그렇다고 겁낼 것도 없다. 노력하면 안 되는 게 뭐 있겠는가? 하나씩 연마하다 보면 언젠가는 멋지게 위트 있는 유머를 날리는 사람이 될 것이다.

쉽게 시작할 수 있는 노하우는 두 가지다. 먼저 대중에게 때로는 상대에게 처음으로 내뱉는 말인 자기소개부터 해보자. 정말 하기 싫지만 빠질 수 없는 자기소개를 보통 어떻게 하는가? 다소 서먹하거나 어색해서 살짝 머쓱한 웃음을 지으며 "안녕하세요, 최인호입니다"라고 한다. 이렇게 자기소개를 하면 모임이 끝난 후 그 누구도 나를 기억해주지 않는다. 그러니 앞으로는 자기소개에 재치 있는 수식어를 붙여보자.

"안녕하세요? 얼큰 공주 최인호입니다. 절대 얼굴이 커서 '얼큰이'가 아니에요. 잊을 만하면 생각나는 매운 음식 같은 매력을 지닌 화끈한 여자라서 얼큰 공주입니다."

이렇게 위트 있는 한마디로 나를 소개하면 좌중은 한 번 웃을 것이고, 그 독특함에 나를 한 번 더 기억할 것이다.

유머와 위트는 사람들의 마음을 활짝 열어준다. 아마도 자기소개 이후 많은 사람이 나에게 말을 걸 것이다. 실제로 대부분 그렇다.

"호호, 재밌어요. 정말 화끈하실 것 같아요."

"네. 사실 얼굴이 커서 붙은 별명이랍니다."

그들이 쉽게 내게 말을 걸 수 있는 이유는 벽을 느끼지 못했기 때문이다. 누구나 처음 만나면 대부분이 경계의 벽을 쌓게 마련인데, 위트는 다소 어색한 분위기를 한순간 화기애애하게 만들뿐더러 서로의 벽을 한 방에 무너뜨리는 역할을 한다. 그리고 좀 더 긴 대화를 나눌 수 있게 유도해준다.

"별말씀을, 얼굴 별로 안 크신데요?"

"부러워요. 얼굴이 작으셔서요. 전 그래서 라디오만 진행했잖아요."

"어머머, 후후."

"그런데 다행히 딸아이는 절 안 닮은 듯해요. 작더라고요."

"하하."

위트 있는 한마디는 이렇게 상대 마음을 쉬이 열어주고 '유쾌한 사람'의 이미지를 심어준다. 그래서 그 뒤 나의 어떠한 이야기에도 상대의 리액션은 대부분 좋게 나오게 마련이다. 설령 그 뒷이야기가 그다지 재미없을지라도 이미 상대는 나의 이야기를 호의적으로 받아주게 되어 있다. 초두효과로 이미 '최인호는 유쾌할 것이다'가 각인되었기 때문이다.

스피치 강의 시간에 있었던 수강생들의 위트 있는 첫마디를 잠깐 소개해보면 이렇다.

"안녕하세요? 외식업의 귀공자 ○○○입니다."

"중년계의 이효리 ○○○입니다."

머리가 하얀 중년 남성은 간결하면서도 위트 있는 첫마디로 청중

의 시선을 사로잡는다.

"안녕하세요. 드래곤 실버 인사드립니다."

물론 그다음 본론을 얼마나 잘 풀어내느냐가 또 관건이지만, 일단은 청중의 호기심을 자극하는 데는 성공한 셈이다. "자! 저를 주목해주세요!"에 성공한 것이다.

무거운 협상 자리라도 살짝 위트를 가미해본다면 좀 더 부드러운 분위기 속에서 협상을 진행할 수 있다. 가볍게 비춰지는 것이 아니라 유연하게 비춰질 확률이 더 높기 때문이다. 또한 논리적인 설명을 해야 하는데 잘 풀리지 않을 때, 가벼운 위트 한마디로 상황을 종결시켜보자. 적절한 상황에서 적절한 유머를 던지는 것이다. 아마 상대는 '이 사람이 참 논리적이지 못하네! 게다가 준비까지 제대로 하지 않았어!'를 느끼기 전에 '아, 저 사람 순발력과 재치가 뛰어나군!' 하며 높은 점수를 줄 것이다.

위트와 유머는 상대에게 즐거움을 준다는 의미에서 같아 보이지만 엄연히 다르다. 유머가 익살스러운 것이라면, 위트는 그보다는 창의력이 돋보이는 말이다. 그렇기 때문에 위트 있게 말하는 사람들을 보면 '어떻게 저런 말을 할 수가 있나!'라며 그 사람을 달리 보게 되고, 때로는 그 사람의 지적인 능력에 경이로움마저 느끼게 된다.

상대를 이끌고, 상황을 내 쪽으로 유리하게 이끌고 싶다면 위트를 날려라. 분명, 사람도 얻고 성과도 이룰 것이다.

# 위트 있는 사람이 되기 위한 노력

- 처음에는 유행하는 유머 한두 개를 메모해두고 사용해본다.

  '앙 돼요~.'

  → "부장님 이러시면 앙 돼요~."

  '당황하지 않고 빡 끝~!'

  → "당황하지 않고 매뉴얼대로 하시면 돼요. 빡 끝~!"

- 드라마나 영화 제목을 위트 있게 패러디한다.

  드라마 〈괜찮아, 사랑이야〉 제목 패러디

  → "괜찮아, 야식이야."

- 자기소개를 할 때 자신을 솔직하고 재미있게 표현한다.

  "안녕하세요? 마릴린 먼로 최인호입니다."

  → "저는 살짝 말랐고, 영화배우 마릴린 먼로처럼 입술 위에 점이 있습니다."

★ 이왕 입 밖으로 내뱉는 말, 자신 있게 하자. 그리고 평소 비유나 은유적으로 표현해보는 습관을 가져보자.

## 뒤통수도 메시지를 전달한다

면접을 준비하는 사람들에게 누누이 강조하는 것 중 하나가 마지막 순간까지 긴장감을 풀지 말라는 것이다. 인터뷰를 끝내고 뒤돌아나가는 모습까지도 면접관들은 점수를 매기기 때문이다. 평소의 본모습이 고스란히 드러나는 그 순간을 면접관은 놓치지 않는다.

매사가 다 그렇다. 마지막까지 늘 최선을 다해야 한다. 누군가를 만났을 때 우리는 의식적으로 평소의 내 모습보다 더 나은 모습으로 임하게 된다. 상대의 초점에 맞추기 위해 최선을 다한다. 여기서 반드시 알아야 할 것은 미팅이 끝난 후 작별인사를 하고 뒤돌아섰을 때, 자신의 본모습이 드러난다는 사실이다. 그 모습으로 말미암아 나에 대한 상대의 호불호가 갈릴 수 있다.

"네, 감사합니다!" 하고 기분 좋게 전화 통화를 마쳤는데, 수화기 너머로 방금까지 친절했던 상대의 말투가 아닌 평소의 걸걸한 말투가 들려 충격을 받았던 경험이 누구에게나 있을 것이다. 바이바이, 손 흔들고 돌아선 그 사람의 다른 모습에 당황했던 경험도 있을 것이다. 사람들은 누구나 상대의 가식적인 모습이 아닌, 무의식적으로 행하는 본모습을 알고 싶어 한다. 그리고 늘 그것을 포착할 기회를 노린다는 것을 잊지 말자.

말과 행동을 처음부터 끝까지 일관되게 할 수 있는 기제는 마음가짐이다. 어떤 상태에서도 부끄럽지 않은 내 본연의 모습이 드러날 수 있게 하려면 늘 올바른 마음가짐을 가져야 한다. 사람의 마음은 말과 행동으로 드러나게 마련이니까.

나는 큰 좌절을 겪고 나의 뼛속까지 사명을 새겨놓았다. 내가 살고 있는 이유, 내가 존재하는 이유는 힘들어하는 사람들에게 긍정의 메시지를 전해 그들이 더 나은 삶을 살 수 있도록 돕는 데 있다. 이 사명을 가지고 나는 강의를 하고 있다. 그래서 강의를 할 때 청중 한 사람이라도 놓치지 않고 함께하려 애쓴다.

SBS의 〈서바이벌 오디션 K팝스타〉는 알다시피 매 라운드 경쟁을 벌이며 최종 몇 명을 선발해 가수로 데뷔시켜주는 프로그램이다. 본선 열 명을 뽑는 그 순간 우연히 방송을 보게 됐다.

열 명의 본선 진출자와 나머지 탈락자들이 한 무대에서 마지막을 장식하는 자리였다. 그때 갑자기 한 탈락자가 손을 높이 들었다.

"저요! 다시 한 번만 기회 주시면 안 될까요?"

심사위원들은 뜻밖의 돌발 상황에 당황했고, 함께한 출연자들 역시 놀라는 표정이었다. 브라운관을 통해 보고 있던 나도 깜짝 놀랐다. "한 번만 기회를 더 주시면 정말 열심히 불러보겠습니다"라는 당찬 말을 하는 것이다. 누군들 그 말에 감동받지 않겠는가? 심사위원인 가수 보아는 그녀에게 마지막 기회를 주었고, 그녀는 결국 당당히 본선 진출에 성공했다.

뭐든 끝까지 최선을 다해야 한다. '이만하면 됐지!' 하고 돌아서는 것은 정말 어리석은 짓이다. 할 수 있는 한 끝까지 최선을 다하는 모습을 보고 상대는 감동한다. 협상을 하는 자리에서든 미팅을 하는 자리에서든 이미 상대의 돌아선 마음에 '에잇, 글러먹었군!' 하며 포기해버린다면 그 후 나의 입에서 나오는 말과 행동은 이미 글러먹은 메시지를 상대에게 전달하는 셈일 뿐이다.

아쉽게 목적이 달성되지 않았더라도 '그래, 이번에는 잘되지 않았지만 다음에는 더 좋은 기회를 만들어보자!'라는 마음가짐으로 상대를 대하라. 그러면 상대는 의외의 모습에 감동받을 것이고, 아쉽게 돌아서는 나를 다시 불러 기회를 줄 것이다.

내 뒤통수도 메시지를 전달한다. 나의 마지막 뒷모습까지도 상대에게 최선을 다하는 모습으로 각인시키자. 그 마지막까지 상대는 나의 메시지를 전달받고 있음을 명심하라. 상대가 뒤돌아서는 순간까지도 끝까지 최선을 다하자.

## 05

# 강력한 한마디, 너만 믿을게!

리더십을 멋지게 발휘하는 리더들을 보면 사람관리에 뛰어나다는 것을 알 수 있다. 일단 누군가에게 일을 일임했다면 끝까지 그 사람을 믿는 것이다. 그러고는 이야기한다.

"나는 널 믿는다!"

지인에게 컨설팅 의뢰를 받았다. 그런데 사실, 그가 의뢰한 것은 이미 본인이 정통한 분야여서 처음엔 의아했다. '나를 시험해보려는 건가?' 하는 생각마저 들었다. 그러나 곧 그의 의중을 알 수 있었다. 그는 자신이 놓치고 있는 것, 그리고 또 다른 관점에서 바라보면 어떤 결과가 나올 것인지를 알고 싶어 했다. 그의 의도를 확인한 후, 나는 나름대로 최선을 다해 일을 해나갔다. 중간중간 보고할 때마다 나는 '이것에 대해서는 이미 잘 알고 계시지 않나?' 싶었는데, 그는 마치 새로운 정보를 듣는다는 것처럼 "아, 그렇구나. 그렇죠, 최 선생님? 난 최 선생님만 믿어요! 그 분야에 전문가니까요!"라고 말하 곤 했다.

그 말을 듣는 순간 누군가에게 인정받는다는 사실에 뿌듯함이 밀려오며 앞으로 더 잘해야겠다는 투지가 끓어올랐다. 나만 믿겠다니까, 실망시키지 않기 위해서라도 나는 더 그 일에 매진했고, 최종 결과물을 제출했을 때 대만족이라는 피드백을 받았다.

"과연 최 선생님이시네요! 난 최 선생님만 믿었습니다. 역시 훌륭하세요."

그의 주변을 보면 훌륭한 인재들이 참 많다. 그리고 모두 그에게 충성하는 분위기다. 그 많은 사람을 따르게 하는 힘은 바로 인정과 지지였다. 어떤 분야이든 전문가를 고용하고, 온전히 그 일을 믿고 맡기는 것이다. 그는 이렇게 말하곤 한다.

"난 당신을 믿어요! 그 분야에선 최고니까요!"

그동안 그는 다양한 프로젝트를 진행시켜왔고, 모두 성공했다. 점점 사업을 번창시킨 그의 평판은 훌륭하다. 그를 보면 자연스레 떠오르는 인물이 있다. 바로 한(漢)나라의 제1대 황제 유방이다. 그의 리더십이 유방과 무척 닮았다.

'유방' 하면 떠오르는 인물은 단연 '항우'이다. '나만 따르라!'라는 독불장군 항우와 '당신들의 의견을 따르겠소!'라는 경청형 리더십의 유방. 항우는 훌륭한 가문 출신으로, 지략은 뛰어나지만 그 누구의 말도 듣질 않는 유아독존형 리더였다. 이에 반해 중농 출신의 유방은 늘 자신의 모자람을 인정하고 대신들의 이야기에 귀를 기울이는 소통형 리더로서 결국 황제에 즉위했다. 자신이 천하를 잡을 수 있었던 이유에 대해 유방은 이렇게 말했다.

"지략은 장량보다 못하고, 나라를 다스리는 데는 소하보다 못하며, 군사를 이끄는 데는 한신(유방의 수하)에 미치지 못한다. 그러나 이 걸출한 인재들을 적절하게 기용했기에 나는 천하를 얻을 수 있었다."

늘 배우려는 자세로 자신을 낮추어 상대의 말에 귀 기울이고, 일단 일하기로 했다면 절대 의심하지 않고 끝까지 지지해주는 것! 유방과 항우의 일화에서 우리가 배울 수 있는 소통 기술이다. 이것이 곧 리더십이기도 하다.

"나는 너만 믿는다!"

이렇게 지지해주는 리더에게 자연히 충성하게 되어 있다. 그 말에는 '네가 없으면 안 된다'라는, 참여의식을 전제하고 있기 때문이다. 그렇게 형성된 관계와 조직은 쉽게 무너지지 않는다. 믿음과 신뢰가 밑바탕에 깔려 있기 때문이다. 그러니 성공할 수밖에 없다.

누군가가 나를 믿고 지지해준다는 것은 그 어떤 열악한 환경도 이겨낼 기적 같은 힘을 심어주는 것에 다름 아니다.

심리학자 에이미 워너는 하와이 카우아이 섬에서 태어난 신생아 집단을 대상으로 실험을 했다. 이 실험은 1955년에 태어난 신생아 863명 중 698명의 성장 과정을 30년이 넘도록 지켜본 종단 연구였다. 당시 카우아이 섬은 가난, 범죄, 마약, 도박이 들끓던 '지상의 지옥' 같은 섬이었다. 에이미 워너는 카우아이 섬에 가정환경이 아주 열악한 아이들 201명을 별도로 추려서 성장 과정을 분석했다.

결과는 놀라웠다. 대부분의 아이 부모는 이혼하거나 알코올 중독증을 앓고 있었다. 그러니까 대부분의 아이는 고위험군의 환경에 처해 있었던 것이다. 그래서 그 아이들 역시 사회 적응이 힘든 사회 부적응자가 되었을 거라고 생각했다. 그런데 1/3가량에 해당하는 72명은 전혀 문제없이 훌륭하게 성장했다. 오히려 더 잘 성장하여 유능하게 사회에 적응했다.

이 결과에는 놀라운 비밀이 숨어 있었다. 그것은 힘든 환경 속에 놓인 아이의 입장을 무조건적으로 이해하고 지지하는 어른이 아이들 인생 속에서 적어도 한 명은 있었다는 사실이다. 절대적 지지자가 결국 그 아이들의 인생에서 충격을 완화하는 보호 장치가 되었던 것이다.

누군가를 절대적으로 믿고 지지해준다는 것은 한 사람을 이토록 능동적으로, 긍정적으로, 의욕적으로 살 수 있게 하는 큰 원동력으로 로 작용한다.

혹시 누군가에게 일을 맡겼는가? 앞으로 일을 함께할 것인가? 그렇다면 무조건 지지해주자. 그 일을 완성할 수 있게 끝까지 신뢰하며 지지해주자. 그가 온전히 실력을 발휘할 수 있도록 지원을 아끼지 말자. 그러면 그는 잠재된 능력까지 끌어내어 놀라운 결과물을 보여줄 것이다.

## 06

# 상대의 비난을 속히 수긍하라

나에게는 올케가 한 명 있다. 그런데 가끔 올케가 안쓰러울 때가 있다. 형제지간이 나와 남동생 그리고 여동생이니, 위아래로 시누이가 둘에 며느리는 혼자이다 보니 얼마나 불편할까 싶어서다. 그래서 그런지 우리 집은 나와 여동생 모두 늘 올케 편이다. 물론 딸처럼 며느리를 대한다는 어머니 역시 늘 올케 편에서 이해하고 말한다.

어느 날, 올케가 사소한 실수를 했다. 조카의 돌잔치 날이었다. 행사를 무사히 끝내고, 우리 가족만 남아 인천의 한 공원을 들렀다. 가벼운 산책을 마치고 주차장으로 갔더니, 남동생의 자동차 문이 열려 있는 게 아닌가? 올케가 조카 먹을거리를 챙긴다며 마지막으로 나오면서 깜빡하고 자동차 문을 잠그지 않은 것이다. 돌잔치가 끝난 직후라 차 안에는 선물과 귀중품들이 가득 들어 있었다. 그때 남동생이 한마디 했다.

"아니 한 번 더 살펴봤어야지? 큰일 날 뻔했잖아!"

"미안해, 여보!"

올케는 어쩔 줄 몰라 했다. 그때 나와 여동생이 얼른 거들었다.

"아휴! 오늘 큰일 치러서 정신없지! 그럴 수 있는 거야!"

그런데 그 모습을 보시던 어머니가 한 말씀하시는 게 아닌가.

"아니, 아무리 정신이 없어도 그렇지. 귀중품이 잔뜩 들어 있는데, 정신을 바짝 차렸어야지?"

나와 여동생은 얼른 눈치를 살피며, "아휴! 엄마는" 하고 이야기를 꺼내려는데, "그러니까요. 어머니, 제가 미쳤나 봐요! 난 혼 좀 나야 해요" 하며 올케가 바로 수긍을 하는 것이다. 그것도 말로만이 아니라 진심으로 반성하는 표정으로 말이다. 그렇게 올케가 말하니 어머니가 화답했다.

"애, 네가 바로 인정하니까 좋다, 야. 그래 애 키울 때는 더더욱 정신을 바짝 차려야 해."

"네, 어머니. 아! 정말 한 번은 혼나야 했어요. 제가 요즘 자꾸 그러거든요. 깜빡깜빡. 앞으로는 조심할게요!"

그 모습을 본 나와 여동생은 올케의 처세에 놀라움을 금치 못했다. '와! 저렇게 바로 꼬리를 내려야 하는구나!' 싶었다. 며칠 뒤, 어머니에게 이 이야기를 다시 꺼내니 어머니 역시 올케가 참 처신을 잘한다고 말했다. 바로 그렇게 자기 잘못을 인정해버리니 어머니가 할 말이 없더란다. 그런 처세를 보여준 올케를 보며 누군가 나를 비난했을 때 바로 따지기보다는 "그랬겠네요"라고 인정해버리면 상대의 감정이 해소된다는 것을 알게 되었다.

생각해보니 예전에 방송했을 때도 이와 비슷한 일이 있었다. 생방송 중이었다. 세 명의 전화 인터뷰가 연달아 있어서 다소 긴장한 상태로 방송을 이어가는데, 아무리 "여보세요?"라고 게스트를 불러도 대답이 없는 것이다. 스튜디오 밖을 쳐다보니 전화 연결에 다소 문제가 있어 보였다. 어쩔 수 없이 "노래 한 곡 듣고 다시 연결하겠습니다"라는 멘트로 순간을 모면했다.

노래를 듣는 동안 다행히 게스트와 전화 연결이 되었고, 방송은 무사히 마무리되었다. 그런데 방송이 끝나자마자 담당 피디가 전화 연결에 실수를 한 스태프에게 불같이 화를 내는 것이다. 어쩜 일을 이렇게 처리하느냐며 무섭게 질책했다. 그러자 그 스태프가 얼른 말했다.

"아! 죄송해요. 화내실 만해요. 저라도 저 같은 직원이 있으면 정말 한 대 때려주고 싶을 것 같아요. 정말 죄송합니다."

속히 자신의 잘못을 인정해버린 그 스태프에게 피디는 멈칫하더니 웃음을 터뜨렸다. 더 무섭게 쏘아붙일 태세였는데, 그 스태프의 말에 헛웃음이 나온 것이다. 담당 피디는 "아휴! 참, 어이가 없네"라고 말하더니 이내 "그래, 다음부터는 우리 잘해보자!"라며 훈훈하게 상황을 정리했다.

그 모습을 지켜보면서 나는 깜짝 놀랐다. 어쩜 저렇게 쉽게 자기 잘못을 인정하고, 입 밖으로 표현해낼 수 있을까? 그리고 그 스태프에게 큰 배움을 얻었다. 누군가 나를 비난하거나 꾸짖는다면 "제가 왜요?"라고 따져 묻기 전에 일단 시인부터 하는 거구나! 그렇게 상대의 감정을 바로 해소시키고 난 후 나의 잘잘못을 가리는 이야기는 나중에 하는 거구나!

그렇다. 상대가 나를 비난하거나 훈계한다면 일단 빨리 수긍하자. 또한 누군가와 대화하다가 의도했든 의도하지 않았든 상대의 감정이 다소 격양되었다면 한 박자 쉬었다 가자. 그 순간 내가 아무리 옳은 소리를 해도 상대는 그 상태로는 절대 다음으로 넘어가지 못한다. 계속 그 감정 상태에 머물러 더 이상 진전이 없는 것이다. 그러니 그 감정을 반드시 해소시켜줘야 한다. 그래야 대화가 다음으로 넘어간다.

밖에서 잔뜩 꾸지람을 듣고 집에 들어와 내게 하소연을 하는 동생에게 "혼날 만했네. 그건 네가 잘못한 거야!"라는 이성적인 소리 일랑 하지 말자. 제아무리 동생이 잘못했더라도 일단 동생의 감정부터 해소시켜라.

"아휴! 아무튼 네 잘못을 떠나서 꾸지람을 들어서 지금 굉장히 맘이 힘들겠다."

동생의 감정은 그제야 조금 수그러들 것이고 스스로 이성적 판단을 내릴 수 있게 될 것이다.

중요한 것은 대화 도중 상대가 부정적 감정에 휩싸여 머문 상태라면 더 이상 다음으로 진행하지 말라는 것이다. 지금 상대는 그 부정적 감정에 일시 정지되어 더 이상 앞을 보지 못하는 상태다. 그러니 함께 기다려라.

"많이 힘들겠구나! 나 같아도 지금 너처럼 마음이 그럴 것 같아!"

이렇게 공감해주어라. 그러고 나서 상대의 감정이 어느 정도 수그러졌다면 그다음 단계로 대화를 나누자.

## 재차 확인 질문으로 오류를 잡아라

우리는 늘 소통의 오류 속에서 갈등을 빚는다. 개떡같이 이야기해도 찰떡같이 알아들을 거라는 기대는 애초에 갖지 말아야 한다. 제아무리 제대로 이야기해도 상대에게 도달한 메시지는 전혀 예상치 못한 결과를 낳을 수 있다.

어느 여학생의 사례다. 친한 친구가 남자 친구가 생겼다며 셋이서 잠깐 보자고 했다. 오후에 지하철 입구에서 만나기로 했고, 그녀는 처음 소개받는 자리인지라, 조금은 외모에 정성을 들이고 나갔단다. 드디어 지하철 입구에서 친구의 남자 친구를 소개받았다.

"여긴 내 남자 친구 조인성, 여긴 내 친구 이수진."

서로 가볍게 목례를 했는데, 이어지는 친구의 다음 말에 그녀는 까무러치고 말았다.

"그래, 그럼. 난 남친과 데이트 간다. 다음에 보자. 수진아!"

"헉!"

이후 그녀는 그 친구와의 관계가 소홀해졌다고 한다. 처음엔 이해되지 않고 화가 났지만 '잠깐 보자'는 정의가 서로 달랐다는 것을 나중에 알게 되었단다. '셋이서 잠깐 보자'라는 말. 친구는 말 그대로 잠깐 길거리에서 보자는 것이었고, 자신은 잠깐 커피 정도는 마시겠지, 생각한 것이다.

이처럼 우리가 일상생활에서 흔히 겪는 대화의 오류는 '어떤 말에 대한 정의'가 가끔 서로 너무나 다르기 때문에 나타난다. 따라서 대화를 할 때는 서로 분명하게 정보를 주고받아야 한다.

"잠깐 보자고? 그럼 커피숍 가서 커피 정도 마시는 거니?"

이렇게 한마디만 덧붙였어도 황당한 일은 겪지 않았을 것이다.

'내가 생각한 대로 상대도 생각하겠지'라고 짐작해서는 안 된다. 반드시 재차 물어 확인해야 한다.

"방금 네가 이러이러하게 얘길 했는데 내가 제대로 이해한 거 맞니?"

일상에서 벌어지는 대화의 오류 대부분은, 내가 한 말이 상대에게 제대로 전달되지 않아서 혹은 상대가 내게 한 말이 잘 전달되지 않아서 생긴다. 내가 전달했으니 그게 소통의 끝이라고 생각하기 때문이다.

앞서 이야기했지만, 중요한 것은, 소통의 결과는 상대가 받아들인 메시지다. 그러니 상대에게 전달할 메시지를 보냈다고 해서 뒤돌아설 게 아니라 그 전달한 메시지를 제대로 들었는지 재차 물어야 한다. 반대로 상대가 내게 전한 메시지 역시 내가 확실히 이해한 것인지 재차 물어야 한다.

"방금 제가 드린 말씀을 어떻게 이해하셨나요?"

"방금 하신 이야기를 이렇게 받아들였는데, 제가 제대로 이해한 게 맞나요?"

강의 섭외가 들어왔을 때, 가장 먼저 하는 질문이 있다. 강의를 할 때 주로 PPT 파일을 많이 사용하기 때문에 강의장에 컴퓨터와 빔 프로젝트가 갖춰져 있는지를 우선적으로 묻는다. 군부대에서 강의 의뢰가 왔을 때의 일이다.

"PPT 파일을 띄워서 할 건데 강의장에 다 구비가 되어 있겠죠?"

"네. 잘 구비되어 있습니다."

사전에 분명 확인하고, 강의 당일 군부대로 향했다. 그런데 아뿔싸! 부대에 도착해서야 문제를 인지했다. 부대 안 강의장에 빔 프로젝트와 컴퓨터는 있으나 내가 가지고 간 USB는 꽂을 수가 없었다. 외부 USB는 보안상 꽂을 수 없다는 것이다. 그쪽에서는 당연히 내가 노트북을 들고 올 거라고 생각한 것이다. 나는 당연히 구비가 다 되어 있다고 해서 USB만 가지고 간 것이다. 서로의 소통 오류로 빚어진 일이라 누구를 탓할 수도 없었다. 그날 강의는 PPT 없이 진행해야만 했다. 다행히 교육생들이 잘 따라줘서 무사히 잘 마무리할 수 있었다.

일이 잘못되고 나서야 우리는 후회를 한다.

"아! 그때 제대로 확인할걸!"

누군가와 소통할 때 이런 대화의 오류가 빈번해진다면 관계는 멀어질 것이다. 누가 그 사람과 소통하고 싶겠는가? 늘 내 말을 못 알아듣는 것 같은데 말이다. 그러니 소통의 결과는 늘 상대방의 반응에 있다는 것을 기억하자. '나는 제대로 말을 했으니까'로 끝나는 것이 아니다. 나는 제대로 메시지를 전달했으나 상대가 이해하지 못했다면 실패인 것이다. 그렇기 때문에 반드시 확인해야 한다. "내가 이야기할 때 제대로 듣지, 뭐했어?"라는 차디찬 말을 듣기 전에 반드시 묻자.

"이해하셨나요? 제 이야기를 어떻게 이해하셨는지 한번 말씀해 보시겠어요?"

"방금 당신이 이러이러하다고 이야기를 했는데, 내가 잘 이해한 게 맞나요?"

미처 묻지 않고 헤어졌다면, 문자메시지나 이메일을 보내자.

'오늘 미팅 즐거웠습니다. 우리가 나눈 대화가 이러이러한 내용이었는데, 제가 제대로 이해한 게 맞죠?'

**08**

# 면대면 대화로 소통하라

내가 즐겨 보는 SBS TV 프로그램 〈서바이벌 오디션 K팝스타 시즌 4〉. 삶 자체가 음악인 사람들의 이야기. 노래가 너무 좋아 쪽방 고시원에서 눈치 보며 기타 하나로 연습했다는 그 젊은 친구들의 간절함과 뜨거운 열정을 보면 나도 모르게 가슴이 뛴다. 그렇게 감동 속에서 함께 웃고 운다.

어느 날은 첫 출연자부터 나를 울렸다. 아버지가 돌아가시고 홀쩍 성숙해진 16세의 에스더 김. 그녀의 노래를 듣는 내내 그녀에게 시선을 떼지 못했다. 노래 가사가 입으로만 흘러나오는 게 아니라 눈빛에서, 입가에서, 온 얼굴에서 묻어나왔으니까 말이다.

2분이라는 짧은 시간 동안 그 노래에 쓰윽 빨려가게 만드는 그녀의 노래에 나도 모르게 눈물이 주르륵 흘렀다. 영어 가사인지라 직관적으로 즉각 해석되지 않았지만, 그녀의 표정만으로도 어떤 노래인지 단번에 느낄 수 있었다. 방송이 끝난 후 그녀의 영상을 몇 번이나 반복해 봤는지 모른다. 그녀의 노래 부르는 표정을 보며 감상하고 싶었으니까.

메시지는 얼굴로 전해진다. 진정한 그 사람의 메시지는 온 얼굴의 표정으로 전달된다. 소통을 잘하고 싶은가? 그렇다면 이제 그만 스마트폰을 내려놓고 직접 만나라. 얼굴을 직접 대하라는 말이다.

세상이 스마트해지면서 우리는 24시간 소통의 창을 열어두고 살고 있다. 새벽에도 띵동, 길을 가다가도 띵동, 버스에서든 화장실에서든 띵동, 띵동……. 과연 때와 장소를 불문하고 언제 어디서든 타인과 소통하는 시대이다. 소통의 창구가 더 확장된 것이니, 우리는 타인과 소통하는 데에서 황금기를 맞은 것이다. 그러나 현실은 어떤가? 더 고독해지고 더욱 삭막해진 것 같다는 생각을 지울 수 없다.

어지간한 대화는 SNS로 다 해결하는 만큼, 전화 통화는 물론 직접 만나는 면대면(Face to Face) 소통도 줄어들고 있다. 그러다 보니 타인의 눈을 보고 소통하는 기회가 줄면서 말하는 능력도 떨어지고 있다. SNS상에서는 앞장서 진두지휘하던 사람이 오프라인상에서는 눈도 제대로 못 마주친다.

SNS의 소통 속에는 우리가 파악할 수 없는 메시지가 있다. 바로 비언어다. 앞서 말했듯이 비언어는 90퍼센트 이상의 메시지를 전달하고 있는데, SNS의 소통에서는 숨어 있는 메시지를 전혀 볼 수 없다는 아쉬움이 있다. 상대의 어조나 표정 등을 살펴봐야 제대로 된 소통을 할 수 있는데 말이다.

그렇기 때문에 진정한 소통을 위해서는 직접 얼굴을 마주해야 한다. 정말 중요한 메시지를 전해야 한다면 반드시 면대면 소통으로 하라. 면대면 소통은 많은 정보를 주고받을 수 있고 빠른 피드백이 가능하기에, 다른 채널을 통한 소통보다 진전이 빠르다.

강의가 끝나고 한 수강생과 이런저런 대화를 나누다 코칭을 하게 되었다. 짧은 시간이었지만 그 수강생은 자신의 내면을 들여다볼 기회를 가졌고, 그로 인해 자신에 대해 새로운 것을 깨달을 수 있었다. 헤어지고 30분 뒤 휴대전화가 울렸다.

"선생님! 정말 감사합니다. 오늘 저에게 시간을 내주시고, 코칭해주신 점, 정말 감사드려요. 저에게 너무나 소중한 시간이었습니다. 문자로 감사의 말씀 드리려다가 이렇게 목소리로 직접 인사를 드려야 할 것 같아 전화를 드렸어요. 다시 한 번 감사합니다!"

와우! 이루 말할 수 없는 감동이었다. 그냥 문자만 보내주었어도 감사하고 감동할 일일 텐데, 이렇게 직접 전화로 감사하다고 말해주니 눈물 날 만큼 감동이 컸다. 내가 오랫동안 시간을 낸 것도 아니고, 그저 짧은 시간 코칭했을 뿐인데, 이렇게 감사의 마음을 전해주다니…….

그의 이런 태도 덕분에 다음 수업 시간에 그 수강생을 달리 보게 되었다. 그런 자세로 사회생활을 해나간다면 반드시 성공할 것이라고 나는 확신한다.

말에 대한 진심은 죽어 있는 텍스트가 아닌, 호흡이 느껴지는 목소리와 영혼이 담겨 있는 눈빛에서 나온다. 그렇게 할 때 상대를 설득할 수 있을뿐더러 내 편으로 만들 수 있다.

사실, 만나는 것보다는 전화가 더 편하고 전화보다는 SNS 메시지가 훨씬 편하다. SNS 메시지는 일방적이기 때문에 부담도 없다. 내가 상대에게 할 말을 일방적으로 전하기만 하면 된다. 빠른 피드백을 애초에 기대하지도 않는다. 당장 확인하지 않아도 언젠가는 할 것이기에 크게 서운하지도 않다. 그러니 부담도 없는 것이다.

이런 소통에 익숙해지다 보니 점점 만나는 게 부담스러워진다고 한다. 상대의 눈을 보며 이야기하는 것이 이제는 쑥스럽고 어색하다. 자신이 무슨 이야기를 했을 때 그에 대한 상대의 반응을 직접 대하기를 힘들어한다.

예를 들어, 누군가의 성의 없는 단체 메시지를 받고서 왠지 모를 쓸쓸함을 느껴본 적은 없는가? 온전히 내게 메시지를 전하는 것이 아닌, 그저 '보냈다'는 것으로 생색내기 위한 메시지를 받은 경험이 있을 것이다.

말을 할 때의 상대 표정과 어조를 파악해 숨은 메시지를 파악하는 것이 소통의 가장 큰 관건이다. 그런데 SNS 소통은 이러한 비언어 메시지를 거의 포착하지 못한다. 물론 소통의 성격에 따라 때로는 이메일이나 문자가 더 적합할 때도 있다. 성격에 따라 소통의 채널을 달리할 필요도 있다. 다만, 결정적으로 상대의 마음을 사로잡아야 한다거나, 많은 정보의 양을 주고받아야 한다거나, 아주 중요한 메시지를 전달할 때에는 반드시 눈빛을 교환할 수 있는 면대면 대화로 소통하는 것이 좋다. 그래야 성공한다.

# 09

# 어떤 상대라도 꿀리지 않는 대처법

늘 마음 맞는 사람과 함께한다면 좋겠지만 인생사 그럴 수만은 없다. 불편한 상대와 한 팀이 되어 일해야 할 때도 있고, 잘 맞는 사람과도 가끔 삐걱대기도 하는 게 우리의 인생이다. 우리는 그럴 때마다 관계 개선을 고민하고, 스트레스를 받고, 고통을 감내하며, 말할 수 없이 힘든 사회생활을 해나간다. 그뿐인가? 늘 내 편일 것만 같은 가족과의 관계도 그리 만만치 않다. 어쩌면 가장 힘든 소통이 가족 간의 소통일지도 모른다.

과연 어떻게 해야 할까? 앞서 소개한 다양한 라포르 형성 기술과 소통 기술을 익히고 연마해서 인간관계 개선에 노력하면 좋을 것이다. 여기서 가장 중요한 점 한 가지는 어떠한 경우에라도 우선 나 자신을 먼저 챙기라는 것이다. 관계 개선에 엄청난 노력을 하다 보면 생각지도 못한 많은 에너지를 쏟게 되고, 자칫 아주 심각한 스트레스를 받을 수도 있기 때문이다. 그러니 거듭 강조한다. 나 자신부터 챙겨라.

내가 처음 강의를 나갔을 무렵, 나에게는 방송 외의 이력은 없었다. 그것으로 충분하다고 생각했던 것이 아니라 세상의 생태계를 미처 몰랐다고나 할까. 그냥 사람에게 어떤 타이틀 같은 건 중요한 게 아니라고 생각했던 것이다. 그런데 사회에 나가 보니 수도 없이 많은 사람이 자신의 이름 앞에 붙어 있는 수식어, 권력과 명예를 대변해주는 타이틀에 얼마나 연연해하는지를 뼈저리게 통감했다. 그리고 그 사람들 눈에 나는 한없이 초라한 사람이라는 걸 세상에 나가자마자 절실히 느꼈다.

대학에서 강의를 하는 나에게 사람들은 석사학위도 없이 어떻게 강의를 하느냐는 소리를 쏴댔다. 그래서 기를 쓰고 석사학위를 땄더니 박사학위도 없이 강의를 하느냐는 핀잔을 주었다. 강사가 저서 한두 권쯤은 있어야 강단에서 부르지 않겠냐는 기업도 많았다.

나의 주요 강의 콘텐츠는 스피치와 소통이다. 사실, 방송 12년 경력이면 스피치 분야에서 그 어떤 학위보다 훨씬 전문가라는 방증이 아니겠냐고 말할 수 있다. 그 긴 세월 동안 사람들에게 메시지를 전하는 일을 업으로 해왔는데, 그 안에서 느끼고 배운 산 경험과 지식들이 얼마나 많겠는가. 온몸으로 깨지고 넘어지며 일깨워왔던, 책에서는 결코 배울 수 없는 것들이다. 그런데 그 앞에서 학위를 먼저 따지는 사람들이라니……. 물론 책에서 배우는 것들도 훌륭하다. 다만, 경험으로 일깨운 사람들도 존중해야 한다는 것이다. 글을 쓰다 보니 지난 서러움의 시간들이 물밀듯 밀려온다.

면전에 대놓고 "네가 무슨", "넌 아직 안 돼!"라는 말을 스스럼없이 하는 사람들도 있었다. 그러고 보니 강사가 되기 위해 한 단계 한 단계 올라오는 동안 참 많은 것이 나를 울렸다. 그때는 자존감이 온전히 채워지기 전이어서 거의 무방비 상태로 총알을 맞았다. 마음이 만신창이가 되어 어떤 날은 면전에서 눈물을 쏟을 뻔했다가 간신히 참고 건물 밖으로 나온 후에야 눈물을 흘렸던 적도 있고, 감정 조절이 되지 않아 얼굴이 붉으락푸르락 했던 적도 있다. 그런데 서서히 마음공부를 하고, 나를 들여다보며, 자원을 채우고, 나를 바로 세운 후부터는 오히려 그런 사람들에게 감사할 줄 알게 되었다.

어느 해 겨울, 강의를 하러 갔을 때의 일이 떠오른다. 그곳에는 나와 비슷한 경력과 콘텐츠로 강의를 하러 온 사람들이 여럿 있었다. 우리는 서로 반갑게 인사를 했고, 자연스레 강의에 대해 이야기를 나누게 되었다. 그런데 자신은 이 분야에서 박사학위를 받아 최고라고 스스로 자화자찬하는 이가 있었다. 거기까지는 좋았다. 정말 훌륭했으니까! 그러나 상대를 무시하는 발언을 늘어놓는 건 참 예의가 없어 보였다.

그와 같은 상황에서 예전이라면 자격지심에 화가 나서 내 얼굴이 바로 굳어졌을 것이다. 자리를 박차고 나왔을지도 모른다. 그런데 나를 바로 세우고 나니 방패가 생긴 듯 상대의 말이 전혀 비수로 꽂히지 않았다. 오히려 그렇게 말한 그의 의도가 간파되었다.

'자신이 나보다 더 낫다는 것을 알리고 싶어 하는구나!'

그는 결국 인정받고 싶은 강한 욕구를 지닌 한 인간이었다. 나는 입 밖으로 인정의 말을 꺼냈다.

"와! 멋지십니다. 대단하세요. 박사학위까지 있다니……."

그럼 상황 끝이다. 그냥 그렇게 인정해주면 되는 것이다.

'나는 이것밖에 안 되는데, 넌 그렇게 잘나서 좋겠다.'

이런 군더더기, 찌꺼기 같은 감정들이 전혀 붙질 않는다. 나는 나고 너는 너! 하나의 독립된 존재로 바라볼 수 있게 된 것이다. 나를 바로 세우고 소통 기술을 연마해나가다 보니 조금씩 상황에 유연히 대처할 수 있게 된 것이다.

지금 내 앞의 상대를 바꿀 수는 없다. 바꿀 수 있는 것은 오직 그 상황을 대처해야 하는 나 자신이다. 같은 상황이지만 관점을 달리해 바라보는 것이다. 나는 이것을 이렇게 풀이한다. 온 세상의 만물은 음과 양이 함께 존재한다. 지금 당신 앞의 그 사람도 음과 양이 함께

공존한다. 당신이 보고 있는 것이 음이라면 이제 양을 찾아보자. 앞선 사례를 예로 들어보면, '너만 그렇게 잘났냐?'가 아니라 '아! 자신이 잘났다는 것을 인정받고 싶구나'를 찾아보고 말해주는 것이다. 평소 대하기 힘든 상대에게도 마찬가지다. '어렵다, 무섭다, 불편하다'라는 느낌을 갖고 대하지 말고, 다른 관점에서 상대를 바라보자. 또 다른 이면을 발견할 수 있다. 그러면 그 상황에 아주 유연하게 대처할 수 있다.

이처럼 다른 관점에서 바라보는 것을 리프레이밍(Reframing)이라고 한다. 즉, 고정된 프레임에서 벗어나 다른 새 프레임으로 상대를 바라보는 것이다. 리프레이밍을 통해 상대를 바라보면 평소에는 몰랐던 상대의 장점이나 의외의 모습을 발견할 수 있다.

그 사람에게 갖다 씌웠던 과거의 프레임을 과감히 버리고, 새로운 프레임으로 바라보자. 그러면 '아! 정말 저 사람은 마음에 안 들어!'에서 '어? 저 사람 의외로 좋은 점도 있네!'로 전환할 수 있다. 물론 처음부터 잘되지는 않을 것이다. 한 번 고정된 프레임을 버리기는 여간 쉬운 일이 아니기 때문이다. 하지만 다양한 관점에서 바라보는 연습을 평소에 해둔다면 머지않아 가능해질 것이다.

그리고 또 하나, 내가 가장 많이 쓰는 기술인데 상대의 이미지를 바꾸는 것이다. 상대를 볼 때 나이, 계급장을 떼고 바라보는 것이다. 그렇게 바라보면 나와 다를 바 없는 한 인간으로 접근할 수 있다. 하루 세 끼 밥을 먹고, 화장실을 가고, 어차피 언젠가 죽는 한 인간인 것이다. 그렇게 바라보면 내 앞의 상대가 그리 어렵지도, 싫게 느껴지지도 않는다.

'그래! 참 애쓴다', '그래, 칭찬받고 싶구나?' 등 상대의 이미지를 나와 다를 바 없는 한 인간으로 받아들이면 기대치 않았던 좋은 결과도 얻을 것이다. 실제로 나는 "참 차분하고 담대하네요, 최인호 씨는!"이라며 예상치 못한 프로젝트를 성사시키기도 했다.

이 기술은 어려워하는 사람을 만났을 때 유용하다. 그 앞에서 위축되고 싶지 않을 때, 무서워서 말도 제대로 꺼낼 수 없을 때, 나이며 계급장을 떼고 바라보는 것이다. 이때 지나치게 예의에 어긋나는 행동을 할 수 있으니 주의해야 한다. 늘 소통의 본질을 염두에 두고, 이 만남에서 내가 이루고자 하는 것은 무엇인가를 상기하며 대하다 보면 실수도 줄어들 것이다.

나를 두려워하는 상대를 나이, 계급장 다 떼고 한 인간으로 보는 것! 늘 머릿속에서 떠올려 상상하다 보면 어느 날 갑자기 마주친 그 사람 앞에서 당당하게 처신하는 나를 발견할 수 있을 것이다.

## 어떤 상대라도 꿀리지 않는 대처법

• 일단, 나를 바로 세우자. 그러면 호연지기가 길러져 모든 것이 넓은 마음으로 수용된다.

• 상대를 다른 관점에서 바라보자. 반드시 다른 이면이 있다. 단점이 있다면 장점이 있다. 그것을 보라.

• 나이, 계급장 떼고 과감하게 바라보라. 두려운 상대일 때 '당신도 인간이구나!'를 느껴보자. 한결 대하기 쉬워진다.

# 리허설로 안절부절못하는 마음을 가라앉혀라

라디오 DJ를 하고 있을 때의 일이다. 갑자기 음악회 행사 진행 의뢰가 들어왔다. 라디오 공개방송 진행 경험이 있었던 터라, 나는 기분 좋게 하겠다고 했다. 그런데 승낙하고 돌아서는 순간, 왠지 모를 불안감이 엄습했다. 라디오 공개방송은 모두 파트너가 있어서, 의지하며 떨리는 마음을 잡을 수 있다. 실수를 하더라도 파트너의 도움을 받을 수도 있다. 그런데 나 혼자서 큰 무대의 진행을 하라니……

'괜히 한다고 했나? 잘할 수 있을까?'

나는 자꾸만 걱정이 앞섰다. 그래도 나에게 찾아온 기회이니 잘해내리라 다짐하고 꼼꼼히 행사 준비를 했다. 가장 먼저 숍에 들러 의상을 준비했고, 다음은 대본을 준비하고, 여러 차례 혼자서 리허설을 했다.

드디어 행사 당일, 아침 일찍 미용실에 들른 후 야외무대로 향했는데, 깜짝 놀랄 수밖에 없었다. 큰 무대 뒤로 보이는 관중은 대략 천여 명 정도 돼 보였다. 그 규모에 긴장이 되지 않을 수 없었다. 잘 해내리라는 다짐은 어디로 갔는지, 무대에 올라선 후 떨리는 마음에 내 입은 대본에 없는 말은 전혀 할 수가 없었고, 짜인 대본대로만 진행을 이어갔다. 이 상황도 나 스스로 대견하다고 생각했던 찰나, 갑자기 스태프 측에서 메시지가 날아왔다. 다음 출연자의 무대 준비가 늦어진다며 약 15분 정도 혼자서 진행하라는 것이다.

'헉!'

도대체 15분 동안 무슨 말을 해야 하나, 갑자기 머릿속이 하얘지기 시작했다. 그때의 그 공포감은 경험해보지 못한 사람은 절대 모를 것이다. 노래라도 잘한다면 멋들어지게 한 곡 불러서 분위기를 이어가기라도 할 텐데……. 몇 초 동안 그렇게 멍하니 무대에 서 있는데, 그 모습을 바라본 관객들 사이에서 위로의 박수가 터져나왔다. 아무튼 어찌어찌 말도 안 되는 소리를 해대며 그 공백을 겨우 채우고, 음악회는 그럭저럭 무사히 끝이 났다.

그날의 경험은 지금껏 내 인생에서 두고두고 잊지 못할 망신살이 뻗친 사건이기도 하지만, 동시에 나 스스로를 발전시킬 수 있었던 소중한 경험이기도 하다. 그날 이후 나는 이를 악물고 결심했다. 다시는 단독 진행자로 무대에 서지 않겠다가 아니라, 다음 기회에는 기필코 멋지게 해낼 것이라고!

다음 음악회 진행은 철저하게 준비를 했다. 제일 먼저 의상을 준비하러 숍에 간 것이 아니라, 어떠한 상황이 오더라도 진행할 수 있는 대본을 먼저 준비했고, 그다음 '완벽하게 성공한 내 모습 이미지 트레이닝'을 했다. 내가 성공적으로 음악회를 이끈 모습을 백 번을 넘게, 아니 셀 수 없을 만큼 머릿속으로 그렸다.

완벽히 성공한 내 모습의 '이미지 트레이닝'은 말 그대로 성공한 내 모습을 구체적으로 상세하게 그리고 자주 머릿속에 그려보는 것이다. 무대 위에서 내가 움직일 동선을 그리고, 어떤 멘트에서 관객들이 반응을 보일지, 그리고 관객들의 반응에 대한 나의 표정까지 아주 디테일하게 머릿속으로 훈련시켜 나갔다.

행사 당일까지도 나는 수없이 이미지 트레이닝을 하고, 음악회 시작 한 시간 전에는 무대 아래로 내려가 잠시 후 서게 될 무대 위의 내 모습을 생생히 그려나갔다. 머릿속에 수없이 그려본 성공적인 내 모습을 무대 위의 이미지로 고스란히 그리는 작업을 최종적으로 점검한 것이다.

그날 나의 진행 솜씨는 어땠을까? 행사가 중후반으로 치달을 즈음, 무대 아래를 지나가던 기획사 대표가 나를 향해 엄지를 치켜세웠다. 그 짜릿함이란! 그 후 '이미지 트레이닝'은 내 생활의 일부가 되었다.

'이미지 트레이닝'은 스포츠에서는 익숙한 훈련법이다. '멘탈 리허설(Mental Rehearsal)'로도 불리는 운동 연습법의 하나인데, 말 그대로 머릿속에 이미지를 그리면서 연습하는 것이다.

역도의 여왕 장미란 선수는 이미지 트레이닝으로 유명하다. 그녀는 평소 훈련 때도 눈을 감고 경기장에서 자신이 어떻게 행동할 것인가를 머릿속에 그린다고 한다. 경기가 있는 날은 잠시 후 자신이 설 무대를 바라보며 이미지 트레이닝을 한다고 한다. 그렇게 연습

때는 물론 경기 때도 '이미지 트레이닝'을 병행하는 노력이 있었기에 값진 금메달을 거머쥘 수 있었을 것이다.

우리가 어떤 특정한 상을 머릿속에 떠올리면 그에 관련된 우리 몸의 신경조직은 활성화된다. 옛사랑을 떠올리면 자연스레 입가에 미소를 짓게 되고, 맛있는 음식을 보면 입가에 침이 고이듯이 말이다. 미래에 만날 어떤 상황에 대해서도 성공의 그림을 생생히, 지속적으로 그려나가면 우리의 신경조직도 성공을 향해 강렬하게 움직인다.

더 강렬하게 신경조직을 활성화하기 위해 유의할 점은 두 가지다. 먼저 '대충 난 이렇게 되면 좋겠어!'라고 머릿속에 떠올리는 데

만 그칠 게 아니라 철저히 주인공이 되어 상상하자. 실제로 내가 그것을 이뤄냈고, 그래서 가슴에서부터 올라오는 뿌듯함과 희열을 온몸으로 느끼는 것이다. "모두 힘들 거라고 했는데, 내가 해냈어!", "이 미팅 건을 내가 성사시키다니, 난 참 대단해" 하는 식으로 생생히 원하는 상태가 되어 느껴지는 감정까지 온몸으로 만끽하는 것이다. 원하는 것이 이루어졌을 때 느끼는 감정은 뇌에 착각을 일으킨다. 뇌는 이것을 현실이라고 받아들이고, 베타 엔도르핀이라는 강력한 화학물질을 분비함으로써 실제로 성공했을 때의 행복감을 느끼게 한다. 그러니 이미지 트레이닝으로 여러 번 미리 성공 체험을 하고, 행복감을 맛보는 것이다.

또 다른 하나는, 절대 부정적인 생각을 하지 않는 것이다. 머릿속으로 자신의 성공한 모습을 그리다가도 '에이 내가 되겠어? 이런 게 다 무슨 소용이야!' 하며 자신을 믿지 못하는 사람이 제법 많다. 혹시 당신의 모습은 아닌가?

꼭 당부하고 싶다. 이미지 트레이닝을 하는 순간만이라도 긍정적으로 생각하자! 대부분 부정적인 생각을 하는 사람들은 남의 시선을 유난히 의식하는데, 사실 본인이 생각하는 것만큼 남들은 타인에게 그다지 관심이 없다. 그들 역시 그들의 삶을 살아가느라 바쁘기 때문이다. 나의 부정적인 면에 집중하기보다는 나의 장점을 극대화해서 성공한 이미지를 떠올려라.

내 강의를 듣고 면접을 준비하던 한 취업 준비생은 매일 이미지 트레이닝을 했다. 머릿속에 면접관을 앉혀놓고, 자신이 면접실에 문을 열고 등장하는 순간부터 인사하고 자리에 앉아 질의 응답하는 것까지 생생히 그렸다. 더 나아가 합격 후 그 회사에 출근하는 것까지 생생하게, 구체적으로, 날마다 그렸다. 뿌듯함과 설렘을 안고 그렇게 매일 머릿속으로 자신이 원하는 회사로 출근한 것이다. 그렇게 한 달 동안 날마다 이미지 트레이닝을 한 후 면접을 봤는데, 결과는 당연히 합격이었다. 한 달 동안 그 회사로 출근하는 자신의 모습을 머릿속에 그려넣었더니 면접 당일 그 면접실마저도 익숙한 기분이 들었고, 앞으로 상사가 될 면접관이 그다지 무섭지도 않았다고 한다. 어떠한 질문에도 편안하고 자신 있게 대답할 수 있었던 것이다. 현재 그는 2년째 그 회사를 잘 다니고 있다.

처음 만나는 사람과의 성공적인 미팅, 새로운 장소에서 처음으로 맞이하는 하루까지……. 한 번 경험해봤다면 그 신비로운 성공 체험을 잊지 못할 것이다.


지금까지 나를 바로 세우고 소통하는 기술을 함께했다. 비로소 만반의 준비가 끝났다. 이제 갑옷을 제대로 갖춰 입고 소통하는 기술과 무기를 잘 장착해서 나가보자. 최종적으로 누군가와의 만남을 이미지 트레이닝하며 리허설로 마무리를 짓자. 렛츠 고!

# 성공적인 미래를 경험하는 이미지 트레이닝

- 눈을 감고 편안한 자세를 취한다.
- 미래에 도전할 상황을 생각한다(프레젠테이션, 인터뷰, 미팅 등).
- 자신의 모습을 생생하게 구체적으로 그린다. 어떤 옷을 입고 사람들과 무슨 말을 나눌 것인지까지 선명하게 상상한다.
- 멋지게 해내는 나를 온몸으로 느껴보고, 그 뿌듯함과 벅차오름이 어디에서 느껴지는지 나의 감각에 주목해보자.
- 다시 여러 번 반복해서 성공한 이미지를 그린다.

멋지게 이기는 대화의 기술

초판 1쇄 발행 2015년 2월 9일
초판 4쇄 발행 2017년 3월 30일

지은이 | 최인호
펴낸이 | 전영화
펴낸곳 | 다연
주소 | 경기도 파주시 문발로 115, 세종출판벤처타운 404호
전화 | 070-8700-8767
팩스 | 031-814-8769
메일 | dayeonbook@naver.com

본문 | 미토스
표지 | 김윤남
기획 | 출판기획전문 (주)엔터스코리아

ⓒ 최인호

ISBN 978-89-92441-61-2 (03320)

## 3년 후 당신이 후회하지 않기 위해 지금 꼭 해야 할 일들

오타니 고세이 지음 | 박재현 옮김 | 값 13,000원

## 성공하는 사람은 인맥을 디자인한다

장차오 지음 | 홍민경 옮김 | 값 14,000원

## 느리게 더 느리게 2

츠샤오촨 지음 | 정세경 옮김 | 값 15,000원

## 내 편이 아니라도 적을 만들지 마라

스샤오옌 지음 | 양성희 옮김 | 값 15,000원

## 최영옥과 함께하는 클래식 산책

최영옥 지음 | 값 15,000원

## 당신이 착각하고 있는 회사의 진실

이기평 지음 | 값 14,000원

## 명화와 수다 떨기

꾸예 지음 | 정호운 옮김 | 값 15,000원

## 적을 만들지 않는 인간관계의 비밀

루비 우쯔핑 지음 | 하진이 옮김 | 값 13,000원